영어
일본어
중국어

딱!
2년만에
끝내기

영어 일본어 중국어
딱!
2년만에 끝내기

ⓒ 전지유, 2015

초판 1쇄 발행 2015년 11월 26일

지은이	전지유
펴낸이	이기봉
편집	김성령, 문해림
펴낸곳	도서출판 좋은땅
출판등록	제2011-000082호
주소	경기 고양시 덕양구 동산동 376 삼송테크노밸리 B동 442호
전화	02)374-8616~7
팩스	02)374-8614
이메일	so20s@naver.com
홈페이지	www.g-world.co.kr

ISBN 979-11-5766-977-6 (03190)

이 도서의 국립중앙도서관 출판예정도서목록(CIP)은 서지정보유통지원시스템 홈페이지(http://seoji.nl.go.kr)와 국가자료공동목록시스템
(http://www.nl.go.kr/kolisnet)에서 이용하실 수 있습니다. (CIP제어번호 : CIP2015031967)

영어 일본어 중국어

딱!
2년만에 끝내기

전지유 지음

좋은땅

:: 차례

일본어

중국어

머리말

여행기 같은 책을 쓰고 싶었다. 햇살 좋은 가을 날 벤치에 앉아 책장을 넘기면 겨울의 일본 온천에도, 해가 지지 않는 북극에도 지금 당장 나를 데려가 줄 수 있는 그런 책.

이 이야기는 내 10대, 그리고 20대의 외국어 공부 경험과 노하우, 살아가며 느낀점을 담고 있다. 아직 시작하지 못한, 그리고 다시 도전하기 막막한 당신이 이 여정에 동참해 준다면 이 글을 통해 새로이 느끼고 생각할 수 있으며 도전을 통해 정말 내가 되고 싶은 나를 찾아갈 수 있을 것이라 믿는다.

많은 사람들이 외국어를 하나만 해도 나머지 외국어는 더 쉽게 할 수 있느냐고 묻지만 사실 그렇지 않다. 나처럼 타고난 재능이 없는 이상 외국어 공부의 고통은 누구나 같기 때문이다.

　나 또한 하나하나 도전할 때마다 정말 이거 하고 그만해야지라고 생각할 정도로 외롭고 힘들었던 시간이 있었다. 돈과 시간을 꽤나 투자했는데 주위 친구들보다 실력 향상이 느껴지지 않아 받았던 스트레스는 말로는 다 표현할 수 없을 것이다. 누구보다 그 고통을 잘 알기에 선뜻 도전하기 두려울 때도 있지만,

　'망설임을 넘어 자아를 실현 한다'

　나의 삶의 방향처럼 가슴 뛰는 인생을 살고 싶다.

내 길은 어디 있을까?

〈걷고 싶은 내 길〉

열하일기의 저자 연암 박지원은 청나라 사신단으로 참여해 압록강을 건너며 "길(道)이란 강과 언덕 그 사이에 있다"라고 말했다. 그 '사이'란 무엇을 의미하는가를 두고 수백 년 동안 이름을 날린 많은 선비들과 학자들이 주석을 달았고 또 지금도 여전히 진행 중이지만 그 해석본조차도 난해해 솔직히 잘 이해 할 수 없었다.

다만 자유로운 내 방식으로 이해하는 그가 제시한 '길'의 의미는 바로 '익숙한 곳에서의 이별'이라고 생각한다. 우리를 성장시키는 것은 밥보다 새로운 곳을 향하는 열정에 있다.

어떻게 보면 내 이야기의 결론도 '가보지 않은 길'로 나아가라는 진부한 결론으로 끝나겠지만 내가 말하고 싶은 것은 여정을 시작하며 내가 온전히 나에게 빠져드는 시간을 가지라는 것이다. '몇 월 며칠 내가 압록강을 건넜다'라고 짧게 끝낼 수 있는 단순한 사실 하나가 어떻게 시가 되고 명문장이 되어 수백 년 동안 조선 사회를 넘어 지금까지 회자가 되었을까?

한양에서 출발한 사절단이 한 달이라는 긴 시간이 걸려 압록강에 도착했고 앞으로 펼쳐지는 길은 지금까지 걸어온 길이의 수십 배일 것이다. 더구나 타국이다. 그곳에서 더 많은 외로움과 두려움의 시간이 기다리고 있다. 그리고 국경을 건너는 것은 앞으로의 여정에서 어떤 일이 생길지 모르는 막연한 불안감을 짊어지고 가는 것이기 때문이다. 도중에 어떻게 될지 아무도 모른다. 스님들이 차고 다니는 염주는 사실 옛날 수행길 도중에 객사를 하면 그 염주가 묻힌 땅에서 어떤 나무가 피어 지나가는 스님들이 '이곳에서 한분이 돌아가셨구나'라고 염을 해주기 위함이라고 한다. 그만큼 지금은 상상할 수 없을 정도로 위험한 길이었다. 그러니 마음가짐도 달랐으리라. 아니 달라야만 했다.

사람은 공항에만 가도 생각이 넓어진다. 스스로 지각하지 못하는 사이에 내안에서 피어나는 새로운 곳을 향한 설렘 때문이다. 그저 순수하게 내가 어떤 길을 가야 하는가를 진지하게 생각해본다면 '나의 길'을 찾는 것이란 그렇게 어려운 개념이 아닌 것 같다. 지금까지 걸어본 적 없는 길을 걸으면 된다.

20대가 힘들었던 이유는 내 앞에 놓인 선택지 안에 분명한 정답이 있을 거라 여겼고 그것을 대체 어떻게 채워가야 할지 막막했기 때문이었다. 난 욕심만 많았지 내 좁은 생각의 범위 안에 갇혀 사회에서 대단하다고 인정하는 것이 아니면 전부 시시하게 보았고 직접해보지도 않았으면서 재미없다고 느꼈다. 그저 나도 모두가 선망하는 좋은 기업에 들어가 좋은 차를 몰고 만나는 사람들의 부러운 눈빛 속에서 내 인생이 얼마나 가치 있는지, 남의 눈을 빌어 찾으려 했다. 정작 나 스스로를 보는 눈은 없었고 남들의 보는 눈만 의식하다 그렇게 내 소중한 20대가 끝나버렸다.

내 생각이라고 말하는 것들 중에 과연 온전한 내 생각이 있을까? 우리는 부모님의 기대, 선생님에게는 좋은 학생, 사회에 나와서는 상사에게 잘 보이기 위해 노력하고, 은행 대출금을 갚기 위해 산다. 우리는 늘 다른 누구를 만족시키기 위해 살고 있지는 않은가?

마지막으로 한 가지 말해두고 싶은 것은 내가 얻고 싶은 답은 최소한 내 방 안에는 없다. 밖으로 나가자. 부딪히는 모든 문제들 속에서 스스로가 되고 싶어 하는 나를 발견할 수 있을 것이다. 내가 그러했듯 여러분도 뜬금없는 곳에서 내가 하고 싶은 일을 찾을 수 있을 것이다.

우리는 경쟁에서 이기기 위해, 우월감을 가지기 위해 세상에 태어난 것이 아니다. 어제의 나보다 나은 사람이 되면 된다. 그러니 모두 자기만의 방식으로 행복해지자.

외국어는 마라톤이다. 한 번 뛰어보면 쉽다

하나의 외국어를 잘하게 된 사람이 다른 외국어까지 쉽게 해나갈 수 있는 이유는 외국어라는 긴 마라톤을 직접 뛰어봤기 때문이다. 만약 부산에서 서울까지 뛰어야 한다면 경험이 없어 막막함을 갖고 뛰는 사람보다 어떻게든 한 번이라도 완주해본 사람이라면 훨씬 빨리 도착할 것이다.

지금 내 호흡(실력)은 어떠하며 어느 길로 뛰어야 빠를지 직접 선택할 수 있는 시야(나에게 맞는 공부법)가 있고 반환점은 돌았는지, 앞으로 얼마나 더 남았는지, 먼저 뛰어본 사람으로서 외국어 학습 환경에 대한 시각이 있기 때문에 자신 있게 나아갈 수 있다고 생각한다.

사실 단지 그것 하나뿐이다. 솔직히 나는 외국어에 재능이 없는 편에 가깝지만 지금까지 해왔으니 앞으로도 이렇게 하면 잘될 것이라는 믿음

하나가 있기 때문에 '내가 지금 잘하고 있나? 실력이 늘고 있는 거 맞나?' 라는 쓸데없는 고민에 빠지지 않고 공부해 나갈 수 있는 것이다.

무엇이든 처음이 힘들다. 그 단계만 잘 견뎌낸다면 그 경험을 통해 효과적인 나만의 외국어 공부 방법이라는 좌표를 찾아가는 '내비게이션'이 될 것이다.

내 20대에서 외국어가 없었다면 어떻게 됐을까?

실업계 고교시절 10개월 동안의 영어 공부를 통해서 원하는 대학을 갔고 3개월 동안 일본어를 공부한 끝에 좋은 조건으로 교환 장학생에 뽑혀 1년 동안 일본에서 공부할 수 있었다. 또 1년간 중국에서 보낸 어학 연수를 통해 새로운 만남과 현지 TV프로그램에 출연했고 중국 곳곳을 여행할 수 있었다.

그리고 외국어에 대한 자신감만 믿고 2년 6개월 동안 일본, 중국을 포함하여 20개국을 여행할 수 있었고 돈으로 환산할 수 없는 소중한 경험을 얻었다. 물론 외국어를 못해도 외국에 나갈 수 있지만 보고 듣고 만나고 생각하고 느끼는 것의 폭은 절대 같지 않을 것이다. 만약 해외에서도 위급 상황에 처하더라도 침착하게 상황을 설명해나가며 스스로 해결할 수 있다. 그만큼 태도 또한 능동적으로 바뀌게 된다.

당신이 지금 20대를 보내고 있다면, 아직 사회에 던져지지 않아 시간적 여유가 있다면 지금 당장 외국어 공부를 하자. 그럼 내 인생은 왜 이렇게 숨겨둔 이벤트가 없을까를 되뇌며 반복적으로만 느껴졌던 일상에서 지금까지 가보지 못한, 만나보지 못했던 새로운 곳으로 반드시 안내해 줄 것이다.

사실 외국어가 절박한 순으로 꼽으라면 20대보다 30, 40대 일 것이다. 조직에서 일을 하며 많은 사람들이 더 늦기 전에 외국어 하나 제대로 하고 싶다고들 한다. 하지만 그 말을 행동에 옮기는 사람과 설사 행동으로 옮긴다고 해도 지속적으로 학습하는 사람은 드물다. 물론 업무가 바쁘고 시간이 없다는 것은 알지만 어떤 친구는 주말이나 새벽반을 다니면서 어떻게든 지속적으로 공부해나간다. 대학 동기 중에도 한 친구는 새벽 영어 반을 다니고 퇴근해서는 대학원 수업을 듣고 주말에도 영어 회화 학원을 꾸준히 나간다. 모두 다 그렇게 열심히 살 필요는 없지만 원하는 것이 있다면 어떻게든 주어진 환경에서 노력해야 하고 그 모습은 아름답기까지 하다.

결국 무엇이든 의지의 차이, 지금 당장 눈앞의 것을 해나가야 한다는 압박감과 그로 인해 다른 것들은 중요하지 않다고 느끼니 차일피일 미루니 결국 못하는 것이고 하루 이틀 쉬다보면 내가 어떤 다짐을 했었는지조차 결국 잊게 된다. 더 늦기 전에 천천히 하지만 절대 멈추지 않고 해보자.

짧게는 딱 3개월, 길게는 1년만 투자하자. 대학 1년 늦게 졸업한다고 큰일 나는 것도 아니며 직장 생활에서도 분명 조금의 짬을 잘 활용하면 주재원으로, 지금보다 더 나은 새로운 부서에서 새로운 업무를 맡을 수 있을 것이다.

또 이 글을 통해 자녀 외국어 공부를 계획하는 부모님들에게도 영감을 줄 수 있을 것이라 믿는다. 어떤 방법으로 자녀가 외국어 공부의 의지를 갖게 하여 혼자 효과적으로 공부하게 할 수 있는지도 이야기하고 싶다.

나중에 돌아봤을 때 그 1, 2년 왜 그렇게 조급했는지, 남들과 비교하며 살았는지 안타까움을 남기지 않았으면 좋겠다.

사실 내 이야기이다. 나의 대학 생활을 생각해보면 아쉬운 점이 많다. 왜 그렇게 게을렀는지, 방학이라는 그 귀중한 시간을 그렇게 아깝게 흘려보냈는지, 의미 없는 놀이에 그렇게 많은 시간과 돈을 썼는지 등 생각하면 생각할수록 밤에 자다가 이불을 걷어 찰 정도로 부끄러운 일들이 많지만 그랬기 때문에 지금 더 확실하게 알 수 있다.

아이슈타인은 '어제와 같은 오늘을 보내며 다른 미래를 기대하는 것은 정신병 초기 증세다'라고 말했다.

변하고 싶으면 지금 당장 행동하자. 아직 시간은 여러분들의 것이다.

영어 일본어 중국어
딱! 2년만에 끝내기

영어

1년간의 영어 공부가 준 혜택

〈당신이 길을 잃지 않게 밤하늘을 밝히는 별처럼,
이 작은 노력이 지금보다 더 멋진 곳으로 당신을 인도해 줄 것이다〉

어른들은 으레 모든 공부에는 때가 있다고 한다. 여기에 덧붙여 '선택'
에 있어서는 적절한 시기가 있다고 생각한다. 선택이란 사실 무엇인가를
포기하는 선언이지만 내 시야를 가려왔던 안개를 걷고 무엇이 중요한지
본질을 볼 수 있는 구별성을 준다. 사실 내가 영어에 집중한 기간은, 부
끄럽지만 약 10개월 남짓으로 1년이 채 되지 않는다. 무척 짧은 시간이
지만 그 정도의 시간을 투자해서 얻은 혜택치고는 많은 것을 누릴 수 있었
다. 먼저 집 앞에 있는 울산대로 못갈 정도의 수능 성적을 가지고 경희대

국제학부에 입학했다. 영어 캠프 교사, 학교 통역 및 의전요원 활동, 영어 관련 수업에서 좋은 학점, 해외 교류 활동 등등 대학생이라면 누구나 누리고 싶어 하는 여러 가지 기회를 잡을 수 있었다. 그 중에서 가장 멋진 경험을 꼽으라면 외국어로 무장한 자신감으로 2년 6개월간 20여개의 나라를 여행했고 남들 영어 공부할 시간에 평소 배우고 싶은 다른 외국어를 배우는 여유도 가질 수 있다. 또한 사회에 나와서도 외국어에 관해서 주눅 들지 않으며 살 수 있었다.

이 모든 것이 17살 때 내렸던 선택 덕분이다. 17살, 고2 때의 나는 그다지 미래가 기대되지 않는 학생이었다. 요즘말로 노답(답이 없다)수준이었다. 수능 반타작이나 겨우 하는 실업계 고교생이었으며 수학은 중학교 3학년 때 8점을 받은 이후로 수포자(수학 포기자)가 되었고 수능 모의고사 국어 5등급, 영어 5등급, 수학 8등급으로 그야말로 총체적 난국이었다.

그때, 바로 그때 한 번쯤은 인생에 있어서 모든 것을 건 선택이 필요하다는 것을 어린 나이지만 본능적으로 느낄 수 있었다. 지금이 내 인생을 바꿀 수 있는 바로 그 귀중한 시간이 될 수도 있다고 말이다.

그 용기로 도전할 수 있었고 그 과정에서 나만의 외국어 학습법을 발견해 일본어, 중국어도 차근차근 정복하게 되었고 독일어, 스페인어, 러시아어, 아랍어 등 7개 외국어 구사 계획을 세울 수 있었다.

사실 그것보다 더 뿌듯한 것은 지금 이 순간 내가 쓴 글을 남이 읽고 있을지 모른다는 설렘도 느낄 수 있기 때문이다.

외국어 잘하는 사람들의 수만큼 나름대로의 많은 학습법이 있고 소개하는 책들 또한 많다. 그럼에도 불구하고 책 출판을 결심한 이유는 꼭 들어주었으면 하는 나만 할 수 있는 이야기가 있기 때문이다. 답이 없었던 실업계 고교 시절과 무엇을 해야 좋을지 몰랐던 내 모습과 고민만 많았던 20대 시절을 보내며 내 이야기를 통해 사람들은 새로이 자극을 받고 다시 뛸 수 있는 새로운 에너지를 얻을 수 있을 것이라 믿는다.

내가 이 책에서 하고자 하는 계획들과 학습법들도 그렇게 눈으로만 쫓으면 그저 흔한 이야기에 불과하지만 나를 믿고 실행으로 옮겨 작심 365일만 이어간다면, 아니 6개월만 투자한다면 단언컨대 외국어 회화 실력의 폭발적 향상이 가능하리라 믿는다.

그리고 이 책에서는 외국어 학습 방법과 더불어 평범한 학생으로 살며 지난 10년 동안 영어, 일본어, 중국어 실력 향상을 위해 내가 고민하고 시도했던 모든 경험과 시행착오들을 여러분들도 분명 겪어봤거나 그 과정 중에 있을 것이다.

또한 외국어 자격증 취득에 관한 경험과 노하우를 나누는 것을 통해 이 글을 읽는 여러분들이 원하는 실력을 달성한 후의 미래를 설레는 마음으로 그려봤으면 좋겠다.

실업계 고교생,
10개월간의 영어 공부로 대학가다

1) 산전수전

이 책의 목차는 영어-일본어-중국어 순으로 되어있지만 책을 쓸 당시에는 중국어-일본어-영어 순으로 쓰게 되었다. 이렇게 역순으로 쓰게 된 이유는 바로 체감 난이도 순이다.

고생한 걸로 따지면 아무것도 모를 때 시작한 영어가 가장 길고 힘들었고 그 다음은 그 겨울, 입김 나는 고시원에서 공부한 고생하며 공부한 일본어이며 외국어 중에 가장 즐겁고 공부했던 건 중국 현지에서 여자 친구를 사귀며 중국 방송에도 출연하고 현지 친구와 유학생들을 사귀며 놀면서 배웠던 중국어.

고교 시절, 아버지가 보내주신 캐나다 3주간의 어학연수를 가장한 캠핑을 다녀온 후 본격적으로 영어 공부를 시작한 고2 8월 말부터 고3 6월까지. 그 10개월, 10번의 영어시험은 지금까지 내 인생 중에 가장 드라마틱했다. 분명한 목표가 있고 그걸 향해 나아간다는 것은 그 상황에 처할 당시에는 무척 힘들었지만 돌이켜보면 평생 잊지 못할 기억으로 남았다.

들어가기 전에 뜨거웠던 여름날, 고교 시절 마지막으로 보았던 '산전수전'이라는 영화 한 편을 먼저 소개하고 싶다. 지금으로부터 15년도 더 된 영화로 아직 어디서 재방송하는 것도 못 봤고 아는 사람이 거의 없을 테지만 내가 봤던 어느 영화보다 큰 울림을 줬던 작품이다(비록 네이버평점 5점이라도).

영화 주인공은 평범한 은행 여직원(김규리)으로 하루하루 반복됐던 일상에 권태로움을 느끼지만 그 권태조차 삶의 일부로 받아들이고 살아가던 중 은행 강도를 만나 인질로 잡혀 막대한 현금이 든 가방과 함께 차에 강제로 태워져 산속으로 들어갔다. 그러다 절벽에서 차와 함께 굴러떨어져 돈 가방과 함께 급류에 휩쓸리게 되었고 어느 이름 모를 동굴까지 떠내려 오다 구조되었다. 5억이 든 현금 가방은 동굴 깊은 곳에 가라앉았고 그렇게 병원에서 깨어나자마자 다시 돈 가방을 되찾으러 가지만 험한 지형과 거친 물살로 진입에 어려움을 겪게 되었고 그렇게 첫 원정은 실패로 돌아갔다. 그 후, 계곡의 돈 가방을 찾겠다는 목표 하나로 그녀의 인생은 바뀌기 시작한다. 수영, 스킨스쿠버, 암벽등반을 열심히 해 대회에 나가 상금도 받았고 봄, 여름, 가을, 겨울 동안 공부해 대학에 입학해 장학금을 받으며 지질학을 공부해나간다. 산전수전 끝에 몇 년 후 꿈에 그리던 가방을 찾게 되지만 수억 원이 든 가방을 절벽에서 던져버리고 다시 새로운 목표를 향해 도전해나가기 시작했다. 그녀는 이미 삶의 보물을 찾은 것이나 다름없었다.

그 영화를 보며 문득 드는 생각이 '만약 내 인생을 드라마나 영화로 본다면 어떨까?'라는 생각이었다.

우리 모두 주인공의 해피엔딩을 바란다. 특히 그 영화 한 장면에서 계절은 바뀌지만 여전히 공부에 열중하는 모습이 아름다워 나도 그녀를 응원하게 되었다. 그럼 과연 내 인생을 영화나 드라마로 만든다면? 내가 볼 때도 정말 재미없는데 남들이 보면 얼마나 3류 영화라고 욕할까? 모르긴 해도 아마 불법 다운로드조차도 안 할 것이다.

그러면 나에게 너무 미안하지 않을까?

그렇게 남들의 해피엔딩은 이렇게 바라면서 왜 나는 이렇게 지내는 것이 좋다는 건가?

고2 여름, 그 영화를 본 이후 난 남들이 말하는 범위보다 조금 더 무모하게 조금 더 우둔하게 살기로 결심했다. 지금의 이 노력을 통해 내가 미래에 숨겨둔 보물을 찾을 것이라는 다짐과 함께 말이다.

2) 찍기 위주의 공부법의 폐해

그 영화를 본 후 바로 책을 몇 권 사들고 도서관으로 향했다. 그때는 뭘 봐야할지도 어떻게 공부를 해나가야 할지 알려주는 사람이 없어서 그냥 혼자 서점에 가서 가장 잘 팔리는 토익 책을 골랐는데 영어 문법이나 기본기부터 체계적으로 다지는 것이 아니라 문제 찍기 위주로 가르치는 책이었다. 나는 지금 부사가 뭔지 형용사가 뭔지도 구분을 못하는 절망적인 상태인데 처음부터 답만 찾는 연습을 하는 책을 열심히 봤고 원리는 전혀 이해되지 않은 채 선택지에 available이 나오면 답이다, recommend 앞에 괄호가 있으면 무조건 highly가 답이다 등 왜 그렇게 되는지 원리도 모른 채 이렇게 찍기 위주로만 공부했다.

입시까지 10개월밖에 남지 않아 시간이 몹시 조급했기도 했거니와 인터넷에 찾아봐도 다들 그런 책을 하나 사서 보라는 내용밖에 없었다. 지금 생각해보면 영어에 기초도 없이 그런 식으로만 공부하는 것은 마치 모래성을 짓는 것이나 마찬가지다.

누구는 어차피 점수만 잘 받으면 되지 않냐고 생각할지 모르겠지만 시험 문제는 시간에 따라, 수험자의 수준에 따라 진화하고 우리가 보는 자료는 다 예전 시험 문제에 나온 것들을 곱씹어보는 것이다. 따라서 기초부터 다져 문제를 풀 수 있는 힘을 길러야한다. 8시에 도서관에 도착해 밤 10시까지 공부했고 그렇게 2주 뒤에 시험을 보니 440점으로 예전과 별반 달라지지 않았다. 개학하기 며칠 전, 우연히 울산에 토익 스터디가 있다는 것을 알게 되었고 1주일에 한번 모여 2시간 동안 실전처럼 시험을 치고 개중에 영어 잘하는 한 분이 문법과 독해를 설명해주는 그런 프로그램이었다. 그렇게 나도 참석했고 참석자는 나 포함 5명 정도에 울산대 강의실에서 시험을 봤다. 에어컨도 없는 강의실이라 정말 온몸이 땀에 젖었지만 한 문제라도 더 풀기 위해(비록 시간이 없어서 리딩 100문제 중 30문제나 못 푸는 수준이었지만)혼신의 힘을 다했다. 분명 예전 시험에 나왔던 문제를 풀어보는 모의시험임에도 500점을 넘기 힘들었다. 분명 기출 문제만 공부했었는데 왜 이런가 답답하기만 했고 어떤 분이 나서서 친절하게 문제 해설을 해주셨는데 설명을 들어도 도통 무슨 말인지 몰라 내 수준이 상당히 심각하구나 하는 것을 느끼게 되었다. 분명 공부법에 문제가 있다는 것을 그때 느끼게 되었지만 그래도 역시 보던 책을 놓지 못하고 또 토익 책을 샀고 또 샀다. 시중에 나와 있는 유명한 책들은 다 샀던 것 같다. 지금 생각하면 그때 토익 책 말고 다른 책을 그렇게 열심히 봤어야 했다. 처음부터 기본기를 쌓지 못해 문제 풀이만 하다보니 문법독해 점수는 400점도 넘기 힘들었고 문법만 수천 문제를 풀어왔지만 그 틀 안에 갇혀 정기시험을 보러 갈 때마다 새로운 유형의 문제에 막혔고 내 문제가 무엇인지 알지 못했다. 하지만 대학 진학 후 3주간 문법 공부를 제대로 해보니 문법, 독해가 금세 늘게 되었고 원리를 조금 알게 되니 왜 미리 이렇게 하지 못했을까 하는 아쉬움이 들었다. 그렇게 한 달간 문법 공부를 하고 듣기를 시작했다.

　방학이 끝나고 개학을 맞이한 뒤 선생님과의 마찰은 커져 갔다. 등교 후 모든 수업에서 영어만 공부했고 그 모습을 참다못한 국사 선생님이 화를 내며 내가 보던 영어책을 집어 던지며 나가서 공부하라고 소리쳤다. 그래서 그 책을 주워들고 나가서 공부하는 모습을 보시고는 어이가 없다는 듯 헛웃음을 보이셨고 바로 담임 상담에 들어갔다.

　지금은 모든 선생님께 정말 죄송한 생각뿐이다. 그때는 오로지 시간이 얼마 남지 않았다는 압박감에 영어만 보였고 남들 수능 3년 공부해서 대학가는 거 10개월 만에 그것도 직접 만나보지도, 듣도 보도 못한 외국어 우수자로 진학하려 하니 하루하루 시간이 가는 것이 두려웠다. 학교 특성상 0교시나 야자가 없어 아침 9시 등교에 5시면 학교가 마쳤고 오히려 공부할 곳이 없어서 학교에 남아서 공부하기도 했지만 혼자 덩그러니 있기는 너무 무서웠다. 집은 시내라 시끄럽고 도서관은 멀고 개학 후 공부 리듬을 어떻게 가져가야할지 감이 서지 않았다. 그래서 일주일 동안 밤을 새서 공부하고 학교에 가서는 자는 리듬을 길들여봤지만 오히려 몸이 더 피곤했다. 그렇게 몇 주가 지난 어느 날 일주일에 한 번씩 참석하던 모임에서 몇몇 사람들끼리 스터디를 만들었고 너도 오지 않겠냐는 제의를 받게 되었다. 그렇게 10월부터 울산대에서 대학생 형, 누나들과 함께 공부하게 되었다.

3) 대학생 스터디에 참여하다

어렵게 구한 스터디에 참석하기 위해서는 난관이 기다리고 있었는데 바로 시간이었다. 6시 반 스터디 시작인데 학교는 5시에 마치고 버스타고 한 시간 반 정도의 거리라 시간을 맞추기 힘들었다. 하지만 정말 우연히 새로운 루트(울산 아산로)를 통과해 30분 넘게 절약되는 새로운 노선의 버스가 어떻게 그렇게 내 사정을 알고 딱 맞춰 취항했다.

그러나 복병이 기다리고 있었으니 그건 바로 그 버스를 타러 가기까지의 엄청난 거리였다. 당시 버스는 한 시간에 한 대뿐이라 놓치면 바로 스터디에 늦을 수밖에 없었다. 버스가 5시 30분에 정류장에 도착하고 학교는 5시에 마치니 30분을 사보작 걸어가면 되지만 그 시간에 땡 하고 학교를 마치는 것도 아니었다. 영겁의 시간 동안 선생님을 기다려야 하고 전달 말씀이 조금이라도 길어지면 십 몇 분은 예사였다. 결국 10분 만에 반시간의 거리를 주파를 해야 했고 저녁 먹을 시간도 없어서 늘 학교가 끝나면 편의점에 들러 한손에는 삼각 김밥을 그리고 한손에는 우유를 사들고 뛰어가며 먹었다. 가끔 버스에서 앉을 곳도 없었지만 그렇게라도 저녁을 해결할 수밖에 없었다.

늘 그렇듯 겨우 버스를 잡아탄 어느 날 뛰어오며 너무 급하게 먹었던 우유와 전주비빔밥 삼각 김밥이 내 위속에서 앙상블을 연주하듯 매슥거렸다. 정말 버스가 흔들릴 때 마다 속이 울렁거리다 그분이 올라오셨다. 너무 당황해서 입속에 머금고 있었는데 순간 돌아가신 할아버지가 손짓하는 게 보였다. 마침 내리는 문이 열렸었지만 만약 여기서 버스에서 내린다면 '스터디 지각→앞으로도 계속 지각에 무덤덤해짐→시험 또또 망함→패배자의 삶'이런 등식이 눈앞 그려져 내릴 수 없었다. 그리고 삼각 김밥(전주비빔밥)과 새하얀 우유의 콜라보를 내 눈으로 직접 보고 싶지 않아 나왔던 토를 도로 삼켜버리니 눈물이 다 나왔다.

그런 생활이 3개월가량 지속됐고 그렇게 12월 말 겨울방학을 맞을 때까지 하루하루 긴장을 늦출 수 없었다. 지금 같으면 왜 그렇게 살아야하나 '에라이 안 가고 만다'겠지만 당시 내 사정에서는 스터디 참석 말고는 영어를 배울 수 있는 기회가 없었다. 당시 울산에는 제대로 된 토익 학원도 없었고 그래도 어쩔 수 없이 그중에 하나를 다녀봤는데 한 달 동안 한 거라고는 초등학생들과 함께 토익시험에서 난이도가 가장 낮은 그림맞추기였고 그마저도 내가 잘 배우지 못해 난 늘 반타작만 했다. 인터넷 강의도 지금처럼 다양한 강좌도 개설돼있지 않아 들을 만한 게 없었고 결정적으로 너무 졸렸다. 그렇다고 독학으로 이렇게 계속하다간 재수행 특급 열차를 지금 당장 예약하지 않으면 안 되는 기분이었다.

서울에서는 좋은 학원도 많고 입학 정보도 넘쳐나고 고등학생들끼리 스터디도 하고 대학들이 설명회도 연다는데 정말 서울 사는 친구들이 부러웠다.

주말에는 혼자 입시 준비를 위해 정보를 모으고 모았다. 수십 개의 대학 홈페이지를 하나하나(우리나라에 이렇게 많은 대학이 있는지 그때 처음 알았다)방문해 이해가 되지 않는 입학 전형을 계속 들여다보며 직접 상담원과 전화하고 전년도 합격생 성적에 관한 것이라면 모두 긁어모으고 각 대학마다 다른 면접 전형을 알아보고 면접 수기를 찾고 또 찾고 그렇게 모은 자료들이 책 한권 분량이라 그렇게 책(제본)으로 만들어 놓고 보고 또 보며 나도 이렇게 수기를 남길 날을 손꼽아 기다렸다.

4) 친구들에게 고마웠던 순간

고교 입학 후 1학년 때는 반장도 하고 수학여행에서(우리 학교는 1학년 때 떠났다)기획해서 혼자 춤도 추고 다른 반 친구들도 많이 사귀었고 동아리에서도 선생님들에게도 예쁨 받는 학생이었다.

하지만 영어 공부를 결심한 순간 동아리도 어렵게 탈퇴했고 친구들에게 앞으로 나한테 말시키지 말라고 아주 진지하게 이야기했다. 선생님들이 뭐라고 꾸중을 하든 수업시간에 꿋꿋이 영어책만 폈다. mp3에 음악 파일을 지우고 다 영어 듣기 파일로 채웠고 항상 귀에 꽂고 있었다. 학교에서 입에서 단내가 날 정도로 하루에 한마디도 안 할 때가 많았고 밤새 공부하고 아침에 일찍 등교해서 공부할 때 반에서 떠드는 여자아이들에게 옆 반가서 떠들라고 화를 내기도 했다. 그렇게 가서 나에 대해 온갖 욕을 하는 것을 들으며 속에선 부글부글 끓고 있지만 태연한 척 공부를 했다. 그렇게 표정도 말도 없이 한 달 가까이 생활하던 어느 날 조금 늦게 등교해서 어김없이 가방에서 영어책 5권을 꺼내 책상 귀퉁이에 차곡

차곡 쌓았는데 갑자기 내가 왜 이런 선택을 했나 하는 후회가 밀려왔다. 그래서 책을 다 밀어 떨어뜨려버리고 책상에 엎드렸다.

그때 친구들이 "힘든가보다"라며 내가 바닥으로 밀어버린 책들을 주워서 내 책상 위에 다시 놓아주기 시작했고 난 아무렇지 않은 듯 일어나 친구들이 놓아둔 책을 다시 꺼내 공부했다. 사실 그때 아무 말도 안 했지만 친구들에게 무척 고맙고 또 미안했다.

'젊음은 비록 다시 오진 않겠지만 추억을 통해 내 마음의 젊음을 간직할 수 있다.'

그때 친구들의 따뜻한 말 한마디와 배려 깊은 행동으로 다시 툭 털고 일어날 수 있었고 꼭 좋은 대학으로 진학해 지금보다 더 멋진 사람이 되고 싶다는 다짐을 하게 되었다. 살 떨리던 대학 면접이 끝난 후 예전의 나로 돌아갔을 때 모두 다정하게 받아줬었고 또 진심으로 합격을 축하해 줬다.

만약 지금 돌아간다면 친구들과 선생님과 좋은 관계를 유지하며 공부를 하고 싶다. 물론 그다지 다시 그때로 돌아가고 싶지 않지만 말이다.

5) 경희대 국제학부에 합격하다

영어를 본격적으로 공부한지도 어느덧 4개월이 지나 겨울 방학을 맞게 되었다. 학교 다닐 때의 세 달 공부양보다 방학 동안의 단 한 달만이라도 잘 활용하면 어마어마한 소득을 얻을 수 있다. 결국 고등학교 공부에 있어 방학을 어떻게 활용하느냐에 따라 대학 이름이 크게 달라진다.

학교에 다닐 때 일주일을 열심히 공부해도 방학 때 2~3일 공부하는 것만 못하다는 것과 시간적으로도 그 방법이 효율적이라는 것을 알고 있었기에 이번 겨울 방학을 어떻게든 잘 활용해볼 생각을 했지만 대학생 형, 누나들과 했던 스터디에 불미스러운 트러블이 있어 공중분해 되어(10명→2명)서로 어떻게 할까 고민하다 두 명이라도 일단 진행하기로 했다. 최후의 용사끼리 했던 스터디는 9시에 학교에서 만나 2시간 동안 실제 모의고사를 준비해 풀고 서로 답을 맞춰보며 잘 모르는 것은 의논을 했지만 둘 다 서로 가르칠 입장은 아니라 거기서 멈췄다. 그렇게 스터디를 끝내면 대략 12시 정도가 됐고 밥을 먹고 헤어져 각자 공부를 했다. 모의고사를 혼자 다시 풀어보며 복습했고 혼자 저녁을 먹고 밤 12시에 막차를 타고 집에가 씻자마자 바로 잠들었다. 다음날도 어김없이 8시에 천근 같은 이불을 박차고 벌떡 일어나 울산대로 향했다. 같이 공부하던 누나는 해경시험을 준비했는데 가산점을 받기 위해 영어 공부를 하고 있었다. 내 생일 때 둘이서 파티도 열어주는 등 무척 다정했던 분이라 큰 의지가 되어 주셨다. 만약 혼자 공부했다면 무척 외로웠겠지만 덕분에 서로의 고민도 나눌 수 있었고 열심히 한 끝에 서로 좋은 결과가 있었다.

그렇게 몇 주를 보내니 이제 모의고사를 풀어도 꾸준히 700점을 넘을 수 있었다. 학교 다닐 땐 그렇게 해도 600점대에서만 머물렀는데 감동이었다. 하지만 실제 시험에서는 너무 긴장을 했는지 어처구니없는 점수를 받았다. 원래 일주일 중 일요일은 쉬는 날로 정해 주로 입시를 알아보고 면접을 준비하기도 하고 좋아하는 아이스스케이트를 일주일에 한 번씩 타러가기도 했지만 그 성적을 받아든 이후로 무조건 쉬는 날 없이 공부했다. 덕분에 마지막 시험에서 선방하여 부산대, 경북대 같은 지방 국립대는 의과대, 영어교육과를 제외한 법학과, 인문대, 공대 등은 충분히 합격할 수 있는 선이었다. 물론 대학에서 점수 공개는 하지 않지만 1년간 축적한 데이터를 토대로 나름 분석한 결과이기도 했고 영어 능력 우수자 전형을 노리는 수험생들은 수도권에 집중되어 있어 설령 지방에서 좋은 대학이라고 해도 내려오고 싶어 하지 않아 서울에 있는 대학만 고집했다. 물론 점수 차이가 있기는 했지만 가장 가고 싶었던 학교였던 경희대와 한국외대도 써 볼만 했다. 특히 그때 경희대는 외대보다 더 많이 영어 우수자 전형으로 뽑았고 (한)의대, 인문대, 공대, 미대, 사회대 등 여러 학과에서 영어 잘하는 학생을 선발했다. 어떤 영어 전형은 학생부 성적도 참고했고 학교 내신이 일정 성적 이상만 지원이 가능하도록 했다.

사실 실업계 고교 특성상 마음만 먹으면 꼴찌도 한 달 만에 전교 1등을 할 수 있다. 물론 누구든지 1등을 할 순 있지만 대부분 그렇게 하지 않는다. 나는 시험 며칠 전에만 공부해서도 어느 정도 성적을 유지했는데 그 노력들은 바로 내가 원하는 전형 지원을 위한 전략이었다.

인터넷에서 1년 넘게 긁어모은 자료를 토대로 전략을 세운 덕분에 내 입시 전략이 적중했다. 그 자료는 현재 내 상황을 고려했을 때 가장 가고 싶은 대학 중 합격 가능성이 큰 대학이 경희대학교라고 말했고(심지어 집 앞에 있는 울산대학교 가는 것이 더 어려웠다)그 통계를 토대로 2학기 수시 모집에서 경희대 국제학부에 지원했는데 마감 때 경쟁률이 그렇게 높지 않았다. 덕분에 1학기 때 망한 면접을(얼마나 망했는지 다음 장 참고) 2학기 때는 자신감을 갖고 볼 수 있게 되었다. 혼자 면접 준비를 한다고 힘들긴 했지만 어쨌든 합격을 했다!

그렇게 내가 세운 입시 전략이 맞아떨어지는 것이 너무 신기했고 기분 좋은 마음으로 면접을 보러갔다. 대학 입학 후에도 이런 좋은 입학 전형을 주위에 알렸으나 사실 누구도 도전하지 않았다. 한 명, 한 명 앉혀놓고 대학을 갈 수 있는 여러 가지 길이 있다는 것을 알렸지만 내 얘기를 들은 사람들 모두 흥미로워하면서 모두가 가려하는 길이 아닌 자기만의 길을 가는 것이 얼마나 어려운 것인지 알 수 있었다.

〈내 영혼의 쉼터, 세상에서 가장 아름다운
경희대 사색의 광장〉

〈학교 기숙사 앞 꽃 길〉

왜 새로운 길을
선택하기 힘들까?

경제학에서는 회수할 수 없는 투자 금액을 매몰 비용이라고 한다. 이 매몰 비용은 사람들로 하여금 새로운 선택을 할 수 있는 능력을 제한하고 시야를 좁게 만든다. 이 매몰 비용의 함정에 빠지지 않으려면 누가 시켜서 하는 것이 아닌 스스로 좋아하고 잘 할 수 있는 것을 선택해야 한다. 대입 공부에만 매몰 비용이 있는 것은 아니다. 대학 시절, 난 고시에 도전할 용기도 없었고 창업이라는 험한 길은 생각도 안 해봤다. 그렇게 남들 하는 거 나도 따라해 보며 대학을 졸업하고보니 세상 수만 가지의 직업 중에 내가 선택할 수 있는 것이라고는 공무원, 직장인 이 두 가지밖에 없었다. 물론 대학 4년간 하고 싶은 것이 전혀 없는 것은 아니었다. 스쿠버다이빙이 재밌어 강사로 나가볼까라는 생각도 했고 서핑이 재밌어 프로 서퍼가 돼볼까라는 생각도 했었다. 하지만 부모님은 대학에 나온 이상 무조건 좋은 직장에 가서 높은 연봉을 받는 회사원이 되어야 한다고 지속적으로 말씀하셨다. 수많은 곳을 여행하고 수많은 사람들을 만나보고 그들의 다양한 삶을 봐왔음에도 정작 내가 정해둔 '내 삶'이라는 바구니 안에서는 아무것도 넣어오지 않았다.

그저 무엇이든 새로운 것이라면 신기해했지만 거기서 사고는 멈췄다. 많은 대학생이 그렇듯 나도 나만의 목표도 용기도 없었고 그저 남들이 다 선망하는 대기업에 가는 것이 효도하는 길이고 친구들에게 인정받는 길이고 예쁜 아내를 얻을 수 있는 길이고 사람답게 살 수 있는 유일한 길인 줄만 알고 살았다. 대학 시절 그렇게 노력했던 스펙 쌓기가 부족했는지 긴 시간 동안 취업 준비생의 딱지를 떼지 못했다.

그래도 취직 시장에 뛰어들기 전 나름 자신이 있었다. 영어, 일본어, 중국어가 유창하고 그걸 증명하는 서류도(토익, 영어 스피킹 고득점, 일본어능력시험 1급, 중국어 5급 244점 중국어 OPIc IH)만료되기 전의 것으로 다 준비해 뒀다. 그 외에 한자 2급, 매일경제경영테스트 우수, 무역영어 1,2급, 정보처리기능사, 정보기기운용기능사, 해외 연수, 봉사활동 등 남들에 비해 뒤쳐지지 않는다고 생각했지만 막상 취직 활동은 무척 힘들었다. 서류 전형에 통과해 면접 볼 기회도 그렇게 많지는 않았지만 그것보다 뭘 좋아하는지 몰랐고 생소한 분야를 잘 할 수 있을까라는 자신감도 떨어지던 시기였다.

취직 활동이 길어지면 나타나는 현상이 어느 곳 하나 마음을 두지 못한다는 것이다. 아침에 날아가는 항공기를 보면 '그래 난 공항에 가는 거 좋아했지? 그리고 그곳에서 멋지게 일하는 항공사 직원이 되고 싶었어,' 잠시 카페에 들리면 '이 카페 왠지 내가 더 잘 만들어 볼 수 있을 것 같은데? 내가 예술 쪽에 조금 감각이 있잖아 인테리어 회사로 한번 알아봐야겠다,' 그러다 지나가는 멋진 차를 보면 '역시 남자는 차지 저 차 내가 더 잘 만들 수 있을 것 같은데? 자동차 회사가 역시 최고야!'

자아가 없어진 자리에는 자소서를 어떻게 근사하게 꾸며야 할까라는 생각만 머릿속에서 빠르게 움직였다. 그렇게 나도 모르는 내가 만들어지고 있었다.

입이 트이던
그 날!

영어 공부를 시작한지 어느덧 5개월, 입이 슬슬 근지러워지기 시작할 즈음 스터디를 통해 알게 된 분과 일주일에 한두 번씩 만나서 영어로 이야기를 했다. 어느 날 신기한 경험을 하나 겪게 되었는데 사실 우리 모두 영어를 말할 때 단어나 표현들이 생각이 안 날 때가 많다. 그럴 때마다 갑자기 머릿속이 하얘지는 상태를 경험해 봤을 텐데 나는 그걸 블랭크 상태라고 말한다. 만난 지 딱 한 달째 되는 날 그 날도 한 시간 정도 영어로 이야기를 나누게 되었고 그때도 여전히 당시 하고 싶었던 말이 있었는데 단어나 표현이 생각이 안 나기 시작했다. 그렇게 또 블랭크 상태를 겪게 되었는데 그 순간

'내가 왜 당황해야 하지?'

한국어로 말 할 때도 단어나 표현이 생각 안 나면 그냥 설명해도 되고 시간을 벌어도 되는데 왜 영어를 할 때는 이렇게 압박 받아야하지?라는

생각이 들었고 우리말로 '있잖아' , '그거 말야'와 비슷한 의미로 외국인이 자주 쓰는 'YOU KNOW'라든지 'IT' LIKE'를 써보며 시간을 벌거나 질문을 할 수 있는 여유를 가지게 되었다. 그리고 리듬을 주어 늘 듣던 테이프의 외국인처럼 말하려고 노력했다. 그랬더니 그 후엔 블랭크 상태가 점점 사라지기 시작했고 영어를 말하는 것에 무서움도 없어졌다.

잘 모르겠으면 물으면 된다!

사실 우리가 한국어로 대화할 때도 들어보면 한 번에 알아듣는 경우는 드물다. 하물며 우리나라 말이라도 보통 두 번 물어보고 세 번 물어볼 때도 있는데 왜 영어는 한 번에 알아들어야 한다는 강박관념을 가지고 있어야 하는지 모르겠다. 이게 다 재방송이 없는 영어 듣기 평가 때문에 그런 것 같다. 최대한 많이 말해보면 결국에는 늘게 되어 있는 것이 언어다. 나보다 실력이 좋든 좋지 않든 대화할 수 있는 파트너 한 명을 구해서 영어로 이야기하는 것도 좋고 주위에 해외에 살다오거나 잘하는 사람이 있다면 서슴없이 영어로 대화를 걸어보자. '저 사람이 내 영어 실력을 어떻게 평가할까'라는 걱정은 접어두고 앞으로 유창하게 외국어로 이야기할 내 모습을 상상해보며 최대한 자주 이야기해보자.

한국으로 어학연수 왔다고 생각고!

첫 영어 면접의
떨림

수시모집 1학기에는 부족한 점수였지만 겨우 지원 자격이 되어 다음 학기 본방을 위한 연습을 겸해 수시 경희대를 지원해봤다. 첫 면접이라 무척 떨리는 것은 물론 그때는 다른 지원자에 비해 성적도 낮아 무조건 잘해야 한다는 압박감밖에 없었다. 그래서 무슨 베짱인지 영어 면접이 아닌데도 괜히 "영어로 말해도 되겠습니까?"라고 말했고 면접을 보시던 교수님들은 흔쾌히 "그렇게 하세요"라고 하셨다. 그렇게 면접관들 앞에서 "My point is"이렇게 한 문장 말했을 뿐인데 벌써 눈앞이 깜깜해지더니 아무것도 보이지도 아무것도 생각도 나지 않았다(1차 쇼크). 교수님은 그렇게 안타까운 표정을 지으시며 "영어로 면접 보는 게 그래 어렵지"라고 다독여주셨다. 다정한 말씀에 기운내고 심호흡을 해보며 이제서야 입을 다시 열어보려는 바로 그 순간 옆에 앉아있던 여학생이 "그럼 제가 해보겠습니다"라고 말하더니 자기 순서도 아닌데 폭풍 영어를 시작했다(2차 쇼크). 그렇게 면접이 끝났다. 덕분에 미련도 남지 않을 정도로 수시 1학기 모집에서 후련하게 떨어졌다. 돌아와서 그때 생각만하면 자다가도 벌떡 일어날 정도로 민망하고 부끄러웠다. 그 기억을 떠올리며 2학기 땐 영어 성적을 더 높이는 것과 더불어 면접 준비에 비중을 두게 되었다. 보통 그 망했던 면접 전까지는 등교 버스에서 영어 듣기를 하며 졸았지만 이젠 아침에 코리아 타임즈나 헤럴드에서 기사 한 편을 인쇄해 버스에서 읽고 거기에 대한 내 의견을 영어로 말하는 연습을 두 달 동안 혼자서 꾸준히 했다. 학교 끝나고도 남아서 면접 준비로 혼자 전전긍긍했다. 인터넷에서 면접 경험담은 물론 스킬을 죄다 긁어모아 또 책 한권 분량을 만들어 항상 곁에 두며 몸과 마음을 힘들게 했던 첫 번째 면접을 떠올리며 마인드 컨트롤을 했다.

1) 경희대 국제학부 2학기 수시 면접날

고교시절 3년 동안 내 책상에는 항상 경희대와 해군사관학교 두 곳의 입학전형이 붙어있었는데 면접의 기회를 먼저 얻은 건 경희대였다. 면접 전날 밤, 미리 도착해서 아름다운 학교 캠퍼스를 거닐어보니 꼭 이곳에서 공부하고 싶다는 욕심이 생겼다. 앞으로 선배가 될 형, 누나들도 당시 내 눈에는 다들 잘생기고 예뻤다.

그곳에서 4년을 보내니 만약 다시 고등학생으로 돌아간다고 해도 경희대를 진학하고 싶을 정도로 학교로부터 대학 시절 받아야할 관심과 혜택을 누릴 수 있었다. 우리학교의 장점을 하나하나 열거하자면 끝이 없지만 먼저 다양한 해외 교환학생 혜택과 장학 제도, 우수한 교수진과 정말 친절한 교직원 분들, 졸업생에게도 동일한 혜택을 주는 도서관 시스템, 그리고 놀 땐 놀고 할 땐 하는 다양한 경험과 창의적인 생각을 가진 학생들일 것이다. 그리고 부족한 나를 뽑아준 것에 대한 감사함이다.

짜릿한 경험으로 남은 2학기 면접을 이야기하고 싶다. 이번에는 경영이 아닌 국제학부에 지원했다. 이번 면접은 정말 다를 것이라, 아니 반드시 달라야 한다고 스스로 되뇌며 다짐을 했다. 면접 대기 장소에는 강의실 하나를 꽉 채울 정도로 정말 많은 친구들이 와 있었다. 3시간의 대기 시간 동안 조교 분이 많은 이야기를 해주었다. 학교생활 이야기, 동아리 이야기 등등 수험생의 긴장을 풀어주기 위해 노력했다. 하지만 가장 마음을 끄는 한마디는 면접에서 영어로 이야기하면 교수님들이 좋아할 것이라는 거였다. 시사적인 어려운 내용이 많이 나와서인지, 외국에서 오래 살았던 친구들이 대부분이어서 그런지 원인은 알 수 없지만 예상과는 다르게 한국어 면접이었다. 생각해보니 해외에서 오래 살았던 다른 지원자들도 영어 면접은 생소했을 것이다. 아니 면접 자체가 처음이었을 것이다. 하지만 나는 1학기 면접에서 쓰디쓴 경험을 이미 맛보았기 때문에 경험적으로 우위에 있었다. 단 한 번의 차이지만 그 차이는 무척 컸다. 그리고 나 혼자 다니는 학교가 조금 다른 학생이었기 때문에 어떻게든 영어로 면접을 잘해보고 싶었다. 길고 길었던 기다림 끝에 내 바로 앞 지원자가 면접장에 들어갔고 면접장 앞에 있는 의자에 앉아 문제를 받았다. 내 앞 사람이 얼마나 면접을 길게 하는 것에 따라 준비하는 시간이 조금 달라지긴 하는데 보통 5분에서 10분 정도다. 문제지를 받았는데 4개 중에 2개를 선택하는 것이었다. 첫 번째 질문은 통계를 보고 내린 결론에 대한 문제점을 찾는 것과 한참 사회적으로 이슈 되었던 로또 판매, 20대 정치 참여, 이중국적 찬반 순이었다. 드디어 내 앞에 지원자가 나오고 문을 열고 나왔다. 그 짧은 순간 1학기 때처럼 심장이 터질 것처럼 두근거릴 줄 알았는데 이번에는 스스로 주어진 환경에서 최선을 다해 준비했다고 생각하니 '즐기자!'라는 생각이 먼저 들었다.

면접장에 들어서보니 딱딱한 강의실 같은 곳이 아니라 푹신한 소파가 있는 교수님 방이어서 더 부드러운 분위기가 연출되었다. 면접관 교수님 두 분은 3시간 가까이 지원자들을 만나다보니 지치셨을 텐데 내가 처음으로 영어로 하겠다고 말씀드리니 웃으면서 흔쾌히 그렇게 하라고 하셨다.

"첫 번째 것은 이 사람은 성급히 단순히 통계치만 보고 결론을 내려버렸다고 생각합니다. 다른 여러 가지 것들도 고려해본다면…"으로 시작해서 일반화의 오류는 영어로 뭐라고 하는지 몰라서 한국 표현으로 일반화의 오류라고 한다고 끝을 맺었다. 맞은편 교수님이 온화한 미소를 보여주시며 "음음"이라고 고개를 끄덕여주셔서 더 용기가 났었다.

하지만 역시나 위기는 찾아왔다. 두 번째 문제에서 "로또는 이미 여러 나라에서 시행되고 있습니다"로 자신 있게 시작해 "차라리 그 수익금 일부를 떼서 노인들의 삶의 질을 향상 시킬 수 있는데…"라는 문장이 갑자기 입에서 나오지 않아 몇 초 동안 시간을 끌었던 것 말고는 준비한 기간에 비해 잘했다고 생각했다. 그렇게 시사 면접이 끝나고 교수님이 이 학과 졸업해서 뭐 할 거냐고 하셔서 나는 몇 달 전부터 이 문제가 나올 것을 예상하고 입에 달고 살았던 "I would like to work at the international organization.(국제기구에서 일하고 싶습니다.)"을 시작으로 미국 대학원 진학하는 학업 계획과 사람들을 도울 수 있고 많은 장소를 방문할 수 있는 것이 매력인 것 같다. 이렇게 끝맺었다. 면접 보는 내내 한 분은 맞장구를 쳐주시며 고개도 끄덕거려주셨는데 나머지 한 분은 아무 반응 없이 없었다. 하지만 문을 열고 나가기 전, 그 목석같은 교수님이 "Well done"(우리나라 말로 "잘했다")이라 하셨다. 사실 칭찬을 듣는 것에 익숙하지 않았고 그 순간이 워낙 얼떨떨하여 감사하다며 인사하고 나갔는데 곧장 집에 가지 않고 경희대학교 사색의 광장 벤치에 앉아서 신나게 웃었다. 그 칭찬을 곱씹어보니 기분이 너무 좋아 날아가는 줄 알았다.

부모님의 반대에도 실업계에 진학한 뒤 그래도 대학은 가야겠다며 수능 학원을 등록하러 갔지만 실업계 고교생만 모아 놓은 곳에서도 실력 차이로 수업을 쫓아가지 못해 당황했던 일, 어머니와 함께 찾은 수학 단과 학원에서도 수준이 낮다며 수강조차 거절당했던 일, 영어로 경희대를 입학하겠다고 이야기하면 다들 웃으며 이미 반쯤 망하긴 했지만 그래도 수능 공부 열심히 하면 대학은 갈 수 있을 거라고 용기(?)를 줬던 일들이 떠올랐다.

교수님의 "Well done" 한마디가 그 동안 혼자 준비하며 힘들었던 것들이 다 보상 받는 기분이었다. '내 선택과, 노력이 헛된 것이 아니구나, 나도 할 수 있구나' 그리고 외국어는 반드시 보상이 있는, 공부할 만한 가치가 있는 것이라 여기게 되었다. 당장 수첩을 꺼내들고 대학 시절에 꼭 해봐야할 마스터플랜(마음은 이미 입학)을 짜기 시작했다. 일본어, 중국어를 반드시 정복하고 교환학생, 배낭여행 등등 설레는 마음으로 여러 가지 계획을 세웠다.

같이 면접 봤던 서울 친구는 교수님께 "공부 열심히 하세요"라는 말을 들었다고 무척 혼란스러워 했다. 나는 설령 탈락하더라도 내 노력과 선택을 믿어보기로 마음먹으니 재수에 대한 걱정은 눈 녹듯 사라졌고 새로 도전할 것들을 다시 찾아보게 되었다.

지금 곰곰이 생각해보면 이렇게 용기내서 영어로 대학갈 결심과 면접을 결심할 수 있었던 것은 내가 '우물 안 개구리'였기 때문이다. 주위에 영어 잘하는 사람이 아무도 없었다. 만약 서울에서 영어 우수자 입시를 준비했다면 체계적인 학원의 혜택은 봤을 수 있었겠지만 워낙 실력 있는 또래만 보게 되니 스스로 비교해가며 자신감은 점점 떨어져 갔을 테고 중도에 포기했을 수도 있었을 것이다.

우리는 앞으로 닥칠 어려움을 확대 해석하고 지레 포기하곤 한다. 도전해 보기 전에 말이다. 플랜B의 존재가 정말 좋은 것인가? 오히려 마음 속에는 다른 계획이 이미 있기 때문에 정말 가지고 싶은 것을 가질 수 없는 것은 아닐까? 가끔은 모든 것을 내던질 모험이 필요할 때가 있다. 그건 이성보다는 본능이 더 잘 알 것이다. 너무 어려워도, 원하는 것을 얻는 여정을 속단해서 결정하지 말자. 시간이 지나고 언젠가 내가 잘 한 결정이 무엇이었나를 돌이켜 본다면 바로 그 선택이 될 것이다.

〈걱정 마, 생각보다 별 거 아냐〉

스타크래프트라는 게임의 한 장면이다. 왼쪽의 아홉 척의 비행물체(캐리어) 중 단 한 척만 진짜고(상대에게는 진짜로 보이지만) 나머지는 허상, 즉 가짜다. 싸워본다면 서로 비등비등한 전력이지만 맞은편 선수는 진짜 게임이 시작되기도 전에 포기를 선언했다.

우리도 앞으로 다가올 미래를 확대해석해 지레 겁먹고 피하려고만 하고 있지는 않나?

좋은 대학을
가야하는 이유

    좋은 대학을 가야하는 이유로는 아마 취업을 잘하기 위해, 개인적 성취감, 주위 기대 등등이 있을 것이다. 4년간 학교를 다니며 내가 내린 결론은 좋은 학교는 바로 만나는 같은 처지의 친구 선배 후배가 다양한 생각을 갖고 있기 때문이다. 입학하기 전에는 교수님의 수업, 그 외 여러 가지 대외 활동에서 많이 배우고 생각하고 그 자극을 통해 나의 길을 찾아갈 수 있을 것이라 착각하지만 사실 그것보다 바로 내 옆자리의 친구가 무엇을 하느냐 어떤 생각을 가지고 있는지 대해 더 관심이 가고 어마어마한 자극을 받는다. 만날 같이 밤새 술 마시고 수업 땡땡이 치고 PC방 가서 함께 게임하지만 그 친구가 자기 사업을 해봤다거나 공모전에 입상했다거나 등단 작가라 이미 책 한권을 냈다거나 어머니, 아버지가 누구시라거나 등등 함께 바보짓을 하면서 시간만 죽이고 있는 줄 알았는데 알고보니 생각이 있고 자기 분야에서 대단한 친구라고 알게 되었을 때 과연 무슨 생각이 들까?

    우리는 20대의 대부분을 앞에 놓인 답안지에 무엇을 채워나가야 할지 끊임없이 고민한다. TV에서 나오는 말 잘하는 강사들의 이야기를 들을 때는 깊은 깨달음을 얻은 것 같은 느낌이지만 내 경험이 아니라 그런지 하루 이틀이 지나면 잊어먹게 되고 교수님의 고생고생해서 공부했던 미국 유학 생활 이야기도 그다지 와 닿지 않은 먼 나라 이야기일 뿐이다. 하지만 옆자리 친구의 나와 다른 생각은 귀를 세우고 듣게 된다. 그렇게 받은 자극을 통해 결심을 세우고 실행에 옮길 수 있게 된다. 내가 다니는 대학에 이렇게 다양한 생각과 가치와 배경을 지니고 있는 우수한 학생들로 채워져 있다면 그 친구들의 이야기를 듣는 것 자체로도 얼마나 설레고 놀라우며 큰 자극이 될까?

어떤 분이 해준 대학 시절의 이야기를 소개하려 한다. 대학 시절 제대하고 학교를 복학해서 공강 시간에 딱히 일이 없어 동아리방에서 앉아 있었다. 그런데 친한 여자 후배 몇 명이 서류를 들고 뛰어다니기에 그건 뭐냐고 묻자 해외 인턴 지원서라고 했다. 그길로 나도 한 장 써달라고 하고 함께 영어 원서를 쓰기 시작했고 영어 면접날이 잡히자 그 친구들과 예상 질문 100개를 뽑아서 그것만 달달 외웠다고 한다. 그렇게 합격을 했고 미국으로 떠나게 되었다. 미국에서 원래 호텔 프런트를 보는 일을 하기로 되어 있었는데 영어가 되지 않아 호텔 관계자들은 적잖이 당황했고 결국 흑인들과 함께 지하에서 1년 6개월 정도 일을 하게 되었다. 그곳에서 하루 종일 흑인들과 붙어 다닌 덕분에 수준급 외국어를 구사하게 되었고 귀국 후 공기업에 입사하는데 큰 도움이 되었다고 했다.

지방에서 학교를 다니는 친구의 이야기를 들어보니 학교 재단에 자금이 좀 있어서 학생 지원 활동을 많이 한다고 했다. 그런데 그 학생처에 근무하는 분이 말하길 우리는 외국 연수 프로그램도 많고 인턴 등등 서울 소재의 대학에 비해서도 지원이 많은데 왜 학생들이 찾아오지 않는지 모르겠다는 것이었다. 그 친구도 그렇게 훌륭한 영어 성적은 아니었지만 미국 교환 장학생에 뽑혀 학교에서 등록금과 장학금을 받으며 미국에서 유학 생활을 했다. 보통 다른 학교 같은 경우 그렇게 한 번 다녀오면 다른 해외 프로그램에는 지원을 못하지만 워낙 지원자가 없어서 그 외에도 여러 장학금도 받고 해외 연수를 다녀왔다고 했다. 같이 공부하는 학교 학생들이 그렇게 다양한 지원 프로그램이 있는지도 모르기도 할 뿐더러 별로 관심이 없다며 씁쓸해했다.

사실 우리는 무언가 배우려고만 하면 뭐든 배울 수 있는 세상에 살고 있다. 어떤 분야를 막론하고 지금은 인터넷 상에 넘치는 정보와 다양한 온라인 강의, 방대한 관련 서적을 통해 뭐든지 배울 수 있다. 어학연수, 세계 여행 등 우리는 지금 선택과 집중만 한다면 어디든 갈 수 있다. 굳이 4년이나 되는 긴 시간동안 많은 돈과 시간을 들여 대학에서 해당 분야의 초급정도 되는 실력을 쌓으러 가는 것이 그렇게 효율적이지 않을 수 있다는 의미이다. 자기 확신만 있다면 굳이 대학에 가지 않아도 된다고 생각한다. 대학을 간다고 해도 교수님의 수준들은 다 상향평준화 되어 일정 수준이상의 대학만 가도 질 좋은 교육을 누릴 수 있지만 결국 대학이 좋고 나쁨은 바로 내 옆에 공부하고 있는 지금 이 친구 때문인 것이다. 좋은 대학이란 서로서로 발전적인 영향을 주는 좋은 학생이 많은 대학이라 생각한다.

그리고 당신이 그 멋져야할 학생이다.

영어 면접의
장점

수시 모집 이후에도 많은 영어 면접을 봐왔다. 영어 캠프 TA선발, 학교 의전통역요원, 기업 면접, 군 통역관 등등 수십 번을 본 것 같다. 이제는 오히려 한국어 면접인데 영어로 하게 해달라고 요청할 정도다. 절대 잘해서 그런 것이 아니라 바로 영어 면접의 장점 때문이다.

1) 같은 의미라도 더 잘해 보일 수 있다

예를 들어 면접관이 "졸업 후에는 무엇을 하고 싶나?"라는 질문을 받는다면,

"졸업 후 저는 삼성에서 일하고 싶습니다. 그 후 미국 MBA대학원에 진학해 물류학을 공부하고…"의 문장을 말한다고 할 때 이 단순한 문장을 만약 영어로 하게 되면 "After graduation, one of things that I would like to achieve as a career, is working in Samsung then

I will pursue MBA degree in America studying Logistics…"

　분명 같은 의미이지만 면접에 있어 대답을 더 잘해 보인다는 인상을 줄 수 있다. 영어는 매우 직관적인 언어다. 면접에서 충분히 영어만의 매력을 살린다면 덩달아 당신의 매력도 상승할 것이다. 그리고 이 문장들은 뻔한 패턴이 있어서 단시간에 익힐 수 있다.

2) 자신감을 보여줄 수 있다

　모든 면접은 면접자의 보여지는 이미지가 중요하다. 한국어나 일본어보다 영어로 말할 때 영어 특유의 리듬감을 살려 이야기한다면 면접관에게 자신감을 더욱 어필할 수 있다.

　위에 문장 경우 'after graduation'은 평이한 억양으로 하지만 자신 있게, 'one of things'에서는 'one'만 강조해서, 'I would like to'에서는 'would'부분에서 혀를 조금 꼬아 억양을 조금 더 주고 'will'과 'studying'을 강조해서 읽으면 좋다. 언뜻 복잡해보일 수 있지만 문장을 한번 들어보면 전혀 복잡하지 않고 오히려 인토네이션이 있기에 더 잘 외워질 수 있다.

　또한 부수적인 장점으로 영어로 이야기한다면 우리나라 말할 때보다 표정이 다양해진다. 스스로 긴장 완화에도 도움이 되고 면접관도 자신 있는 모습에 호감을 가질 수 있다.

3) 한국어, 문장 끝맺기가 힘들다

면접을 보다보면 우리나라 말이 얼마나 어려운지 실감하게 된다. 상당히 내공이 있지 않으면 끝을 명확하게 말하기 힘들다. 무슨 말인지 잘 모르겠다면 모의 면접이라도 한번 보기 바란다. 하지만 영어는 어디서 끝맺든 할말을 다 한 것처럼 보이는 장점이 있다.

면접에서 실수한 경험 중에 끝을 흐지부지 끝내는 경우가 많았다. 내가 참여한 모 대기업 면접에서 우리 회사의 문제점을 말해보라는 질문에 자신 있게 대답을 했더니 면접관이 허를 찌르는 압박 질문에 순간 너무 당황하여,

"네 그렇지만…(2초 정적)그런 사실 때문만은 아닌 것 같지만…(2초 정적)그렇게도 보실 수 있으실 것 같기도 합니다."

이렇게 말도 안 되는 대답을 한 경험이 있다. 그 순간 내가 무슨 말을 하고 있는지도 몰랐다. 머릿속은 이미 면접관과의 수 싸움으로 복잡해져 있고 다음에 무슨 공격이 들어올까 대비도 해야 하는데 그 상태에서 문장을 끝맺으려면 상당한 집중력이 필요하다는 것을 느꼈다. 만약 영어 면접이었다면 나는 "Yes I think so, but I understand your view" 이렇게 그냥 끝내버렸을 것 같다. 만약 무엇을 이해하냐고 다시 되묻는다면 "Considering the current factor, you can possibly reach that point.(현 상황 고려 시 그럴 수 있다고 생각합니다-겉으로는 어려워 보이지만 이 문장 역시 뻔한 패턴이다)"처럼 단순하게 이야기해 버릴 수 있다. 영어는 상황에 따라 문장을 길게도 늘릴 수 있고 어려운 문제에 대해서는 짧지만 명확하게 끝내 버릴 수도 있는 장점이 있다.

4) 높임말이 없다

기업 면접을 볼 때 외국 배낭여행 많이 다닌 것을 트집 잡으며 방랑 기질이 있어서 어디 한곳에 오래 못 있는 것 아니냐는 질문을 받은 적이 있었다.

한국어로 답변한 내용은,

"네. 분명 **면접관님께서는** 그렇게도 **생각하실 수 있으시겠지만**, 저는 새로운 곳에 많이 가보고 많은 사람을 만나는 것이 창의성과 연결된다고 **믿고 있습니다. 면접관님께서도** 아마 대학 재학시절동안 스스로의 열정만 **믿으시고** 어디가 되었든 훌쩍 떠나보고 싶었던 적 **없으셨나요?**"

만약 같은 말을 영어로 한다면

"Yes, you can think that way, but I believe being in new place and new people could be good for my creativity. Don't you ever think that you want to be somewhere new? in college?"

이렇게 간단하게 이야기 할 수 있다.

'없으셨습니까?'를 '없으셨셨습니까?'로 박명수 회화체처럼 말이 꼬이거나 면접에서 실수하기 쉬운 문장인 '제가 여기서 드리고 싶은 말은…'이라고 해야 하지만 '드리고 싶은 말씀은…'이라고 써서 오히려 자기를 높여 버리는 일이 흔하다. 영어는 높임말을 쓰다가 발음이 꼬일 일도, 올바른 경어를 생각하느라 할 말을 제대로 못하는 일도 없다.

그럼 영어 면접은 어떻게 잘 준비할 수 있을까?

영어 면접, 생각보다 전혀 어려운 것이 아니다. 이 책에서 소개하는 리듬학습법과 수면학습법을 따라하고, 면접 보는 업종의 영자 신문 기사를 따로 정리한 뒤 소리 내어 자주 읽어주며, 거기에 나오는 단어를 정리하고 예문과 함께 외우며 적당한 고급 표현을 몇 개 습득하고 말문이 막힐 때나 표현이 생각이 안 날 때 양념으로 넣으면 좋을만한 문장들을 숙지해두면 좋다. 영어 면접을 더 자세히 쓰기에는 분량도 많고 아직 자료를 정리 중이기 때문에 여기까지 쓰고 노하우나 단시간 공부법에 대해서는 앞으로 출판할 책에다 다 담을 예정이다.

한 살이라도 일찍 영어 공부를
해둬서 좋았던 점

우리가 흔히 쓰는 말 중에 '리스크'라는 말이 있다. 보통 위험, 위기로 번역되어 부정적인 의미로 많이 인식되고 있지만 리스크의 원어 그대로의 본래 뜻은 '불확실성'이다. 즉, 좋을 수도 나쁠 수도 있다는 뜻이다. 남들이 준비하는 수능을 포기하고 영어로 대학을 갈 결심 자체가 나에게는 큰 리스크였다. 리스크, 즉 불확실성은 어떻게 대처하느냐에 따라 잘만 이용하면 지금보다 더 나은 상황을 만들어갈 수 있다. 내 인생에서 가장 큰 모험이었기 때문에 그 열매도 값졌다. 대학 가기 전에 영어 공부를 해둬서 좋았던 점을 말하고 싶다.

1) 남들 영어 공부할 때 다른 언어 공부할 수 있다

대학 입학 후 영어권 교환학생 준비를 위해 토플을 시작했다. 그러던 중 같은 학과에 영어 실력이 탁월한 친구였지만 개미지옥보다 더 빠져

나오기 힘들다던 영어 지옥에(자기 영어 실력이 항상 모자라다고 느끼고 영어에 대한 강박관념에서 빠져나오지 못하는 상태)빠져 다른 외국어는 공부할 생각을 하지 않았다. 그렇다고 또 영어 공부를 딱히 열심히 하는 것도 아니었다. 영어의 욕심에는 정말 끝이 없다는 것을 깨닫고 하루빨리 일본어를 공부해야겠다고 마음먹게 되었다. 그렇게 일본 교환학생을 준비했고 가장 먼저 했던 일은 한 학기를 휴학하고 고시원에 들어가 학원에 등록하고 하루 웬 종일 학원에서 일본어만 3개월 동안 공부했다. 일본어 능력시험 2급을 합격한 후 다음 학기에 복학을 했고 교환학생시험에서 운이 좋게 선발되었고 일본 문부성 장학금(JASSO)를 받을 수 있는 행운을 누렸다. 1년 동안 장학금, 숙소 지원금 등 이것저것 해서 우리나라 돈으로 1300만 원을 받았고 학교에서 제공해 주는 원룸에서 풍요롭게 생활하였다. 그 1년이 정말 즐거웠고 20대 시절 내렸던 수많은 선택들 가운데 가장 잘한 결정이었다고 생각한다. 제대 후에는 중국 북경과 하얼빈에서 1년간 어학연수를 했다. 방학 때면 내륙으로 여행을 떠나기도 하고 중국 현지 TV에도 출연해서 기타도 치고 친구를 사귈 수 있었다. 지금은 독일어에 빠져있고 내년에 중급 자격증을 목표로 하고 있다. 사실 제2외국어를 전공하거나 영어권 외의 나라에서 유학을 하는 학생들을 만나면 항상 영어에 대한 압박감을 느낀다고 토로한다. 일본이나 중국에서 유학한다면 스스로가 상당히 부지런하지 않다면 영어를 공부하기는 무척 힘든 편이다. 우리나라처럼 학원이 잘되어 있는 것도 아니고 학교에서 배우는 것조차도 전공을 다루는 전문 외국어라 공부할 분량이 더 많은 이유도 있다. 만약 남들처럼 수능을 보고 대학을 들어왔으면 대학교 다니는 내내 영어 하나 하기도 벅찼을 텐데 고등학교 시절 수능 대신 영어를 공부해둔 덕분에 일본어, 중국어, 독일어도 공부할 수 있는 여유를 얻게 되었고 영어 지옥에서 벗어나 여러 나라에도 살아보며 새로운 경험을 할 수 있었다.

2) 영어 실력을 높여서 입학 후 여러 활동 및 군대에서 통역병, 통역준사관, 통역장교로 복무할 수 있다

사회에서 생각하는 것보다 군대에서의 영어 수요는 상당히 많다. 연례적으로 시행하는 미군과 합동 훈련도 있으며 그때마다 번역, 통역 지원이 필요하고 꼭 훈련이 아니라도 영어가 쓰일 곳은 상당히 많고 그 많은 자리들이 수도권이나 큰 함대에 몰려있다. 따라서 영어를 잘하면 편한 보직과 대도시와 인접한 곳으로 발령 받을 수 있는 기회가 많다(지금은 별로 감이 없을 수도 있지만 군대에 가보면 어디로 발령받는가는 2년이 달린 몹시 민감한 문제다). 혹시 해군을 가서 배를 타게 된다고 해도 크고 좋은 배를 타고 공군을 가도 미군이 주둔한 오산 비행장과 같은 곳이며(공군 병으로 복무 시 많은 이들이 가고 싶어 하는 곳이다), 육군을 가도 용산이나 수도권으로 배치될 확률이 매우 높다. 특히 통역장교는 해군의 경우 진해, 동해, 목포, 평택 등 전국으로 퍼지지만 육군, 공군의 경우 영어가 필요한 부대가 대부분 수도권에 몰려있어 특히 인기가 높다. 제대 후에도 기업에서 특채로 뽑기도 하며 경력도 된다. 또한 통역장교만의 돈독한 네트워크가 형성되어 있어 정기적으로 선후배들끼리 모임을 갖는다. 군대에서 해외 출장도 있고 그 기간에 외교관들이나 쓰는 여권으로 미국 등 여러 나라를 순방하기도 하며 해군에서는 장교뿐만 아니라 병도 아덴만으로 파병되는 청해부대, 사관생도 순항훈련으로 차출되어 밖에서는 TV에서나 보던 새로운 경험을 할 수 있다. 청해부대의 경우 6개월 동안 파병되며 병이라도 큰 액수의 월급을 받을 수 있다. 순항훈련은 해군사관학교 생도 4학년들이 졸업 전 3, 4개월 동안 배를 타고 지구 한 바퀴를 돌고 태권도 시범, 교민단 방문에서부터 외국 함대 방문 등 약 20여개 나라를 방문한다. 해군으로 입대하는 장병들은 기회가 된다면 가보는 것도 좋을 경험이 될 것이다.

리듬학습법
- 단시간 외국어 공부의 비결

　고2 여름 캐나다 3주 어학연수에서 충격을 받고 돌아와 영어를 열심히 하던 어느 날 외국인 리포터가 울산 시민의 영어 수준을 테스트할 목적으로 버스 안에 있는 승객에게 월드컵 경기장 어떻게 가냐고 물어보는 것이었다. 나는 순간 나에게도 물어보는 게 아닌가? 라는 두려움에 들고 다니던 영어 사전을 감췄다. 그리고 제발 말을 걸지 말라는 의지를 반영하듯 절대 고개를 돌리지 않고 창밖을 바라보기만 했다. 그렇게 외국인 리포터가 나를 한번 보더니(유리창으로 비친 모습을 봤다), 다행히 말을 걸지 않았고 나는 목적지보다 두 정거장 전에 내려 도서관까지 걸어갔다. 순간 '망신당하지 않아서 다행이다'라는 생각도 들었지만 영어에 투자한 시간이 이렇게 많은데 말 한마디 못 하는 게 한심하게 느껴졌다. 그래서 기왕 남들이 다 하는 수능대신 영어 공부 열심히 해 유창한 회화 실력까지 반드시 이루고야 말겠다는 다짐을 하게 되었다. 그렇게 정말 이 장에서 다 쓸 수 없을 정도로 여러 가지 시행착오 끝에 나만의 학습법을 개발하게 되었고 덕분에 영어뿐만 아니라 일본어 중국어에서도 톡톡한 효과를 보게 되었다. 그럼 리듬학습법의 장점을 먼저 살펴봐야겠다.

1) 단시간 내 목표한 외국어 시험 점수를 올릴 수 있다

지금까지 취득한 어학 성적표(토익, 중국어, 일본어)보면 한 가지 공통점이 있다. 다 듣기 점수가 상대적으로 높다. 토익은 800점대의 점수까지 원한다면 듣기 공부에 많은 시간을 투자하기만 하면 된다. 상대적으로 듣기 파트가 점수를 높이기 빠르며 점수 또한 상당히 후하다. 설령 듣기에서 몇 개 틀려도 만점이 나오기도 한다. 사람마다 잘 들을 수 있는 부분이 상대적이기 때문이며 이를 고려해 비록 다 맞지는 않았지만 만점을 준다고 알려져 있다. 나도 읽기 성적은 크게 변함없었지만 200점대 후반에서 출발한 듣기 성적이 두 달 동안 100점씩 올라 만점에 가까운 성적을 취득할 수 있었다. 조금만 노력한다면 듣기 450점 이상 취득도 어렵지 않다. 한 두 달 마음잡고 시작한다면 높은 성적 취득이 가능하다. 중국어 HSK 5급 시험 또한 듣기 부분에서 한 문제만 틀린 덕분에 좋은 점수를 받을 수 있었고 일본어 1급 시험 때는 감기에 심하게 걸려 컨디션이 난조였지만 듣기에서 선방한 덕분에 그렇게 높지는 않지만 공부한 기간에 비해 만족할 만한 점수를 얻게 되었다. 시험에서는 항상 공부한 기간에 비해서 좋은 점수를 얻게 되었는데 단기간에 외국어 성적을 높이려 한다면 리듬학습법으로 공부하자!

2) 어학시험 공부하며 바로 회화 실력이 유창해질 수 있다

토익시험에서 고득점을 받는다고 회화를 잘하는 게 아니라는 말은 많이 들어보았을 것이다. 실제로 주위에서도 점수가 900점이 넘는데 입도 잘 못 떼는 사람들을 많이 보았을 것이다. 하지만 나는 이상하게 토익 800점이 넘어가니 입이 근질근질했고 어떻게든 사람들과 영어로 말하고 싶었고 어떻게든 기회를 찾아보았다. 그럼 그 사람들과 나의 차이는 무엇이기에 같은 토익 고득점을 향해 달려가는 상황에서 점수와 회화 실력, 두 마리 토끼를 잡을 수 있었을까?

리듬학습법은 듣기를 기반으로 하기 때문에 알게 모르게 상당히 많은 문장이 머릿속에 쌓여있어 조금만 길을 터주면 회화 실력까지 향상 시킬 수 있다. 리듬학습법으로 그 과정을 쌓아나가며 수준에 올랐다고 생각 되면 입 밖에 내는 연습을 본격적으로 하는 것이다.

이 모든 것이 '입이 트이던 그날'의 깨달음(?)덕분이라 생각한다. 물론 하다보면 언젠가는 유창해질 수 있지만 그 이 과정을 알고 모르고의 차이로 인해 더 빨리, 효율적으로 망설이지 않고 실력을 향상시킬 수 있었다.

3) 쉬어도 실력이 어느 정도 유지된다

사실 외국어 시험에서 일정 시험을 따거나 어학연수를 다녀와도 매일 공부하는 게 아니라 어렵게 배운 외국어의 실력 하락은 어쩔 수 없는 부분이다. 외국어는 실력을 쌓는 것보다 유지하는 게 더 어렵다는 말이 있다. 하지만 이 학습법은 언어의 일정 패턴과 리듬을 귀로 익히고 입으로 따라 나오는 것이기 때문에 회화에 있어서 설령 단어는 잊어버릴지 몰라도 그 단어를 다른 것으로도 표현할 수 있을 정도의 실력이 항상 유지할 수 있다. 그 이유는 바로 리듬이다. 일본어 또한 특정 언어의 리듬이 있다. 회화 때 그 리듬만 따라 해도 충분히 공백기가 있어도 유창하게 할 수 있다. 물론 쉬는 중에도 간간히 그 간에 드라마를 보거나 하는 식으로 유지해주면 큰 도움이 된다.

4) 재미있다 그리고 잘하는 것처럼 보인다

그 언어 고유의 리듬과 추임새를 몸에 익히니 자연스레 그걸 듣는 다른 사람들에게 인정을 받고 칭찬을 들을 수 있고 자기 스스로도 입으로 말하는 과정에서 실력이 느는 게 느껴지고 할수록 재미를 붙일 수 있다.

그럼 도대체 리듬 학습법이 무엇이고 어떻게 하는 것이냐.

핵심은 외국어의 노출량을 최대한 늘리는 것이다. 그냥 멍하니 듣고만 있는 것이 아니라 바로 에코잉과 쉐도잉이란 방법으로 듣기성적은 물론 회화실력까지 잡을 수 있다.

쉐도잉은 우리말로 그림자로, 들을 때 일정 시간, 1초 정도의 간격을 두고 먼저 말했던 것을 따라하는 것이다. 간단해보이지만 어느 정도 그 내용이 익숙하지 않다면 많이 어려울 수 있다.

에코잉은 우리말로 메아리로, 듣기를 하며 그 내용이 나오기 전에 대사를 먼저 말하는 것이다. 이 정도 수준에 오르려면 상당히 오랜 시간 동안 같은 내용의 듣기를 해야 한다.

유창한 수준의 에코잉 수준까지 바라는 것은 아니다. 물론 그 방법이 제대로 영어 듣기 파일을 뽀개는 가장 이상적이긴 하지만 그렇게 지겨워

질 때까지 하나의 듣기 파일을 듣기도 힘들뿐더러 그렇게 되면 중도에 포기하기 쉽다. 그래서 어느 정도 쉐도잉에 익숙해지면 다른 듣기 파일로 넘어가는 것도 나쁘지 않다. 사실 나도 한두 번 그렇게 한 파일만 2달 정도 들었는데 정말 지겨울뿐더러 마지막 한 달은 그냥 의지도 없이 귀에 꽂고만 있었다. 그래서 긴장감을 주기 위해 한 달에 3개 정도의 파일만 돌려가며 듣게 되었고 덕분에 매너리즘에서 벗어나 더 새로운 듣기 파일이 주는 긴장감을 즐기게 되었다. 처음에는 기본 문장으로 이루어진 듣기를 들었고 그 후에 초, 중급 수준의 일상내용으로 이루어진 내용의 듣기를 그 후에 토익 듣기로 넘어갔다. 결국 회화실력 향상도 토익 듣기를 기반으로 하게 된 셈이다. 토익 듣기 내용도 정말 훌륭하니 잘 활용하기만 한다면 귀를 뚫고 입까지 뚫을 수 있다. 그 소중한 시간을 단지 답을 맞히기 위해서만 쓰는 것도 아쉽고 그렇게 힘들어 쌓은 듣기 실력을 원하는 토익 성적을 취득한 후에 날려버리는 것은 더욱 아깝다. 토익 공부를 독학하며 듣기 공부를 했고 듣기 성적이 300점이 넘어서야 토익 모의고사를 풀었다. 모의고사 한 분량을 풀고 그리고 오답을 맞춰보며 다시 한 번 들어본다. 그리고 평소에도 귀에 꼽으며 다니고 등하교시에나 집에서도 그냥 생활의 배경이 되게 틀어놓으면 일주일이면 충분히 쉐도잉이 가능하고 열심히 들으면 에코잉까지 할 수 있다. 그렇게 되면 이제 모의고사 하나를 끝낸 것으로 또 모의고사를 한 분량 풀고 듣기 파일을 같은 방법으로 들으며 공부하고 입으로 따라해 보면 된다. 난 정확히 350점에서 그렇게 시작하고 모의고사 4개 정도 뗐을 때 455점이 나왔었다. 그렇게 올려놓은 듣기 점수는 떨어지는 경우는 드물었다. 그 단계에 진입하니 이제 입이 무척 근질근질거리기 시작했다. 그러면 굳이 의식하지 않아도 평상시 혼자 영어 중얼중얼거리게 되고 외국인이나 영어를 조금 한다는 사람을 만나면 영어를 말하고 싶어진다. 나도 그 단계에서 정말 입을 떼고 싶었으나 딱히 대화 상대가 없어서 집에 곰인형을 두고 연습했지만 역시 사람이 아니라서 그런지 전혀 긴장감이 생기지 않았고 전혀 도움이 되지 않았다. 그러던 중 영어 스터디에 가입해 활동을 하게 되었는데 거기서 아는 분과 이야기를 나눴고 앞서 이야기한 것처럼 큰 깨달음(?)을 얻게 된다. 그렇게 쭉 페이스를 이어가 모의고사가 8개 정도 쌓이게 되었을 때 만점에 가까운 듣기 성적(490점)을 얻게 되었다. 회화도 비록 일주일에 한 번씩 만나서 영어로 이야기하는 것이었지만 듣기가 많이 쌓이다보니 말하는 수준도 높아졌고 충분히 면접에서 좋은 점수를 받을 수 있다는 자신감도 갖게 되었다. 듣기 실력과 회화 능력은 비례 관계로 늘 수 있으니 기왕 공부하는 거 두 마리 토끼를 다 잡을 수 있기를 바란다.

하루 30분,
작은 변화는 지속 가능하다

수학 공식처럼 모든 자기개발서에 등장하는 말.

멋지긴 한데 현실적으로 와 닿지 않는 말.

뭔가 이것을 가지지 않으면 죄인이 된 듯한 기분이 드는 말.

바로 '모든 일은 재능보다 열정이다'

그럼 나처럼 재능도 없고 열정도 없는 사람은 어떻게 하란 말인가?

그래서 그 말을 들을 때 마다 뭔가 스스로에게 미안하고 안타까워진다.

하지만 내가 생각하는 진짜 재능은 열정을 통해 발현된다기보다 그저 한 곳에서의 '머무름,' 그 속에서부터 씨앗을 키워가는 것이라 여긴다.

그 작은 머무름이 남들과의 조그마한 차이를 만들어 갈 수 있다.

외국어를 잘 할 수 있었던 비결을 굳이 꼽자면 재능이나 열정이라는 거창한 말로 스스로를 포장하기보다는 그저 어제도 오늘도 그리고 마주하게 될 수많은 내일 앞에서 담담히 주어진 일상을 받아들이고 벌려 놓은 일을 처리 해나갈 뿐이다. 길게 손 댈 것도 없이 3개월에서 1년 정도만 꾸준히 투자한다면 남들이 재능이라고 불러주고 열정적인 사람이라고 불러준다.

사실 나는 정말 빈약한 의지의 소유자다. 전날 과음으로 술병이 났을 때 절대 술을 마시지 말아야지라고 다짐하지만 그날 저녁 맥주 한 짝을 사들고 오는 나를 보며 참 순두부 같은 의지라며 혀를 차기도 했다.

한국에서 입시를 치렀던 학생들이라면 모두 그런 머무름의 재능에 단련이 되어 있다. 너나 나나 모두 잘 할 수 있다. 하지만 다른 점은 이제 더 이상 친구들과 함께 모두가 하나의 목표를 위해 나아갈 순 없다는 것이다. 외국어도 그저 수많은 선택지 중에 하나일 뿐이다. 예전처럼 누가 도와주지 않는다.

설령 열정과 재능이 없어도 그저 하루하루 파도에 밀려나지 않고 가만히 자리만 지킨다면 끝내는 무엇이든 잘 할 수 있게 된다. 특히 외국어는 나중에 정말 하고 싶은 일이 생겼을 때 많은 도움이 된다. 정말 기회가 왔을 때 다른 경쟁자들보다 훨씬 돋보이게는 해 줄 수 있다.

내가 만약 영어를 못했더라면 통역관으로 뽑히지 못했을 것이고 이렇게 사무실에 앉아 점심시간에 틈틈이 책을 쓸 수 있는 기회는 없었을 것이다. 보통 점심을 먹고 오침을 청했지만 그 시간이 아까워 매일 30분 동안만 내가 하고 싶은 말을 쓰기 시작했다.

30분을 쓰면 보통 10줄을 쓸 수 있다. 거창한 내용들이 아니라 마치 잘 읽히는 여행기처럼 담백하게 내가 도전하고 실패한 것들, 겪어온 길들을 기록해나가고 싶었다. 다른 사람도 아닌 내 일을 기술하는 것이기 때문에 생각보다는 창작의 고뇌가 심하지 않았기에 가능했다.

하루 10줄이면 400자이다. A4용지 한 장에 40줄이니 나흘이면 한 장을 쓸 수 있다. 그렇게 약 4달 가까이 꾸준히 쓰니 벌써 A4용지 50장 분량을 쓸 수 있게 되었다.

4개월 만에 A4용지 50장 썼을 때 정말 뿌듯했다. 대학 시절 A4용지 두 세장되는 과제를 해결해야할 때면 원래 글도 못 쓰거니와(글쓰기 실력이 비약적으로 늘었던 것은 모두 취직 준비하며 수십 수백 장을 썼던 '폭풍 자소서' 덕분이다 허송세월이라 생각했는데 이런 불로소득이 있을 줄이야)또 글감이 떠오르지 않아 인터넷에서 어떻게든 긁어서 갔는데 이렇게 50페이지 넘게 쓸 수 있었던 비결은 바로 하루 30분이라는 부담 없는 시간 덕분이었다. 하루 30분, 4달이면 50장이나 쓸 수 있는 것처럼 외국어도 하루하루 꾸준히 한다면 분명 좋은 성과가 있을 것이다.

그렇게 매일 앉아서 무엇인가를 열심히 하는 것 자체가 열정이 아니냐고 물을 수 있겠지만 엄연히 열정과 습관의 의미는 다르다.

고교 시절을 보내며 스스로 자신이 열정적이었다고 생각하는가? 난 책을 쓰며 열정적이라거나 재능이 있다고 생각해본 적이 없다. 그저 외국어를 공부했을 때처럼 일상을 규격화해 조그마한 틈에 집어넣었을 뿐이다. 습관이 들면 몸이 알아서 움직이게 되어 있다.

여러 외국어 공부를 해보며 내가 가장 길게 집중할 수 있었던 시간은 3개월이라는 결론을 내렸고 다른 사람도 나와 그렇게 다르지 않을 것이라 생각한다. 만약 지금 대학 시절로 다시 돌아간다면 매 방학 때마다 외국어 공부만 집중적으로 해서 더 많은 나라의 언어를 하고 싶다.

따지고 보면 나도 그렇게 10대, 20대 여러분에게 이래라 저래라는 입장이 못 된다. 사실 여러분보다 조금 더 앞에서 헤매고 있을 뿐이다.

하지만 30년을 방황하며 살아왔으니 31살 때는 더 잘 살 수 있진 않을까?

하루 30분도 괜찮으니 지금 당장 시작해보는 게 어떨까?

영어 발음,
자기만의 톤을 찾아라

　우리나라 말은 입의 전면 부분을 사용해서 소리를 만들지만 보통 영어는 입의 후면 부분을 사용한다. 따라서 영어를 말할 때는 다른 부분을 사용해야 하지만 많은 사람들이 영어를 할 때도 우리나라 말할 때처럼 이야기한다. 최대한 영어권 사람들이 말하는 것처럼 비슷하게 말해보며 자기만의 영어의 톤을 찾아보자.

　방법은 간단하다. 좋아하는 영화나 드라마를 다운 받은 후 남자는 남자 배우를 여자는 여자 배우를 골라 목소리 톤을 최대한 비슷하게 따라 해 보면 된다. 대사뿐만 아니라 대사를 할 때 얼굴 표정과 제스처도 흉내 내보다보면 어느덧 비슷하게 할 수 있을 것이다. 그렇게 하나 둘 하다보면 몸에 익게 되고 그렇게 영어가 익숙해져간다.

　영어만의 고유한 발음과 리듬을 이해하고 적용해 해볼 수 있다면 즐거워지고 점점 자신감이 붙게 되어 결국 잘 할 수 있게 된다.

노출량
– 영어를 못하는 결정적 이유

한국 사람이 절대 영어를 잘 할 수 없는 이유, 바로 외국어의 노출 빈도가 극히 낮기 때문이다. 언어라는 특성상 많이 들으면, 보면 자연스레 늘게 돼있다. 하지만 우리는 보통 평소 덮어놓고 있다가 급하게 토익 성적이 필요하거나 면접, 회화시험 등을 위해 최대한 단기간에 취득하려 준비하고 학원도 다니며 모든 것을 쏟아 부어 열심히 하고 목표한 성적이나 약속한 기한이 지나면 다시 손을 놓게 되어 기껏 쌓아올렸던 영어 실력, 감각이 다시 잊혀져버리고 만다. 국내에 살며 외국어를 늘 들을 수는 없어 듣기 파일을 구해 계속 듣게 되는 방법밖에 없었다. 사실 나도 목표한 점수를 이루거나 교환학생, 어학연수 기간이 끝나면 자연스레 일상의 탄성에서 벗어나지 못했고 그럴 여유도 없어 꾸준히 하지 못했다.

영어와 일본어는 드라마를 구해서 보며 감각을 잊지 않으려 노력했고, 중국어는 귀국 후 바로 전화 중국어 강의 신청해서 열심히 했지만 그것도 몇 달뿐이었고 실력이 점점 떨어지는 것은 국내에서 특별한 노력을 기울이지 않는 한 어쩔 수 없는 부분이긴 하다. 그래도 어렵게 배운 외국어니 외국어를 할 수 있는 친구를 만나면 실력 유지 차원에서 어떻게든 더 쓰려고 노력을 했다. 외국어 절대 비법은 노출량을 늘려야한다.

사실 그 외에 스킬은 노출량 앞에서 부수적인 것들에 지나지 않는다. 나의 리듬학습법 또한 조금 막혀 있는 부분을 트여주는 역할일 뿐 많은 노출량이 선행되어야 한다. 그러므로 국내에서 학습하는 입장에서는 최대한 많이 듣고 또 듣는 수밖에 없다. 해외에서처럼 다양한 내용을 듣는 것도 좋지만 듣기 파일을 돌려듣는 것처럼 같은 것을 여러 번 듣는 것의 장점 또한 분명히 크기 때문에 절대로 어학연수를 가는 것이 외국어 실력 향상에 유리하다고만은 할 수 없다. 국내에서도 노력 여하에 따라 비싼 연수보다 더 큰 효과를 누릴 수 있다.

수면학습법
– 적은 노력, 큰 효과

시도해 본 것 중 적은 노력 대비 가장 큰 효과를 본 것이 바로 '수면학습법'이었다. 방법은 무척 간단하다. 원래 기상 시간 2~3시간 전에 잠깐 일어나서 자기 수준보다 조금 어려운 레벨의 외국어 파일을 틀고 다시 자면 된다. 자기 전에 켜두고 자도 좋지만 예민한 사람들은 오히려 잠이 쉽게 들지 못하니 역효과가 나고 뇌도 자는 시간이 있으니 그렇게 도움이 많이 되지 않을 수 있다(일본어 공부 때는 시간이 너무 촉박해서 잘 때도 틀어뒀었지만 다음날 너무 피곤했었다). 새벽 늦게는 몸은 잠들어 있지만 뇌는 이미 일어나 활동하고 있다는 연구 결과를 본 적이 있다. 그리고 그 시간만큼은 꼭 다 듣고 이해해야 한다는 압박감 없이 마치 음악을 듣는 것처럼 자연스럽게 외국어를 받아들일 수 있다. 그렇게 자연스럽게 리듬감이 머릿속에 새겨지게 되고 깊이 잠든 상태가 아니라면 그 외국어를 듣고 말하는 꿈도 자주 꿀 수 있으며 그것은 곧 머릿속에 그 외국어의 방이 만들어졌다는 증거이다. 자기 수준보다 조금 어려운 것을 듣는 것이 좋다. 요즘 듣고 있는 것은 '테드'다. 원래 '빅뱅이론'을 틀어

됐었는데 코미디 특성상 웃음소리가 너무 시끄러워서 바꾸게 되었다. '테드'는 미국 프로그램이고 한 강연자가 자신이 이야기하고 싶은 내용을 짧게는 10분 길게는 30분 정도 청중 앞에서 이야기하는 것이다. 많은 사람들 앞에서 이야기하는 것이니 전달력도 좋고 어휘 선택도 고급스럽다. 무슨 교재로 해야 할지 잘 모르겠다면 '테드'로 수면학습법을 하는 것을 추천한다. 물론 '테드'는 조금 수준이 있기 때문에 그 단계 전까지는 그 전에 자기 수준에 맞는 걸 고르면 된다. 혹시 뭘 들어야 할지 고민이 된다면 토익 듣기도 괜찮다.

외국어의
방이 만들어졌다는 의미

　새로운 언어 체계의 방이 만들어지면 스스로 느낄 수 있는 가장 큰 변화로 문장이나 단어가 잘 외워지게 된다. 들으면 들을수록 읽으면 읽을수록 익숙해지는 것이 외국어이므로 처음에는 그렇게 외워지지 않던 단어가 이제 그 눈으로 그 형상을 낯섦 없이 쫓을 수 있고 귀로 그 음이 익숙해지기 시작하면 단어와 문장 외우는 속도도 빨라지고 회화에서 활용하는 범위도 넓어지게 된다. 최초로 익숙해졌다는 느낌은 경험상 학습 100시간이 지나서야 생기기 시작했다. 그리고 하루에 한 시간씩 100일을 하는 것보다 하루 10시간씩 10일을 집중적으로 투자하는 것이 새로운 언어 체계의 방을 만들기에 훨씬 유리하다. 그 전까지는 기호 체계였던 글자들이 이제는 마치 잘 풀리는 수학 공식처럼 하나하나가 연계되기 시작함을 느낄 수 있다. 그 단계가 지나면 이제 재밌어지고 흔히 말하는 탄력이 붙는 단계까지 나아갈 수 있다.

외국인처럼 리듬을 살려서
이야기하고 싶다면
-지속 가능한 미국 드라마 영어 공부 계획

영어 특유의 인토네이션을 몸에 익힐 수 있는 가장 좋은 방법은 내용이 재미있고 적당한 분량의 미국 드라마나 영화를 하나 골라 집중적으로 반복해서 시청하거나 녹음해 듣는 방법이 있다. 나는 아직도 방영되고 있는 미국 드라마 '빅뱅이론'을 좋아하는데 자막 파일 중에 한글과 영문으로 된 파일을 구해 모르는 단어나 표현들을 익히고 그 문장을 따라해본다. 한 편당 20분 남짓의 방영 시간을 고려했을 때 보통 1시간 정도면 다 끝낼 수 있고 그렇게 단어나 표현을 다 정리하면 다시 한 편 더 보며 녹음 프로그램으로 녹음을 한다. 물론 처음 볼 때는 자막 파일을 없애고 보는 것도 좋지만 그렇게 한다면 흥미가 현저히 떨어지고 지속 가능한 공부가 되지 않는다. 차라리 실력은 조금 더디게 늘지라도 자주 할 수 있는 흥미로운 공부가 좋다. 그렇게 음원만 녹음된 파일을 휴대폰으로 옮겨 지하철에서나 걸을 때나 운전할 때 반복해서 들으면 된다. 운전을 자주 하는 사람이라면 CD나 USB에 넣어 차에다 넣어두어 자주 듣는 방법이 좋다. 그러면 미국에서 잘 쓰는 표현들을 학습할 수 있을 뿐더러 드라마에서 여러 대사의 상황을 떠올려보며 영어 문장의 억양을 따라한다면 실력이 하루하루 늘어가는 것을 느낄 수 있을 것이다.

여기 드라마 영어 공부법의 두 가지 플랜이 있다. 둘 모두 직접 해봤던 것이고 효과를 많이 보았다. 처음에는 첫 일주일 동안 A공부 방법으로 했는데 시간이 너무 많이 걸리고 그만큼 들어가는 노력의 양도 많았다. 하지만 일주일밖에 하지 않았는데 실력이 느는 것을 느낄 정도로 효과가 좋았지만 시간이 너무 많이 걸려 그 방법을 개선하여 B공부법을 시작하게 되었고 실력 향상은 조금 포기하더라도 지속적으로 할 수 있는 것을 선택했다. 두 가지 공부법 중 무엇을 선택하는 것은 여러분의 몫이다. 물론 A공부법을 하고 익숙해지면 B로 넘어가는 게 좋지만 그 과정이 힘들다면 B부터 해도 된다.

어떤 것을 선택하든지 지속적으로 할 수 있는 것이 가장 중요하다.

조건

1. 좋아하는 장르의 미국 드라마를 구한다.

   (한 에피소드 당 20분 내외가 적당하고 '테드' 강연으로 해도 좋다)

2. 그 드라마의 영어, 한글 자막 버전을 구한다.

   (인기 있는 드라마일수록 영한 동시 자막이 많다. 한글 자막을 구하기 힘들다면 인터넷에서 찾아도 된다. 드라마 영어 대사로 검색하면 볼 수 있다.)

3. 드라마 음성을 녹음할 수 있는 녹음 프로그램을 설치한다.

A안

1. 일단 자막을 다 끄고 최대한 알아들으려 노력하며 집중해서 2번 연달아 본다(40분).
2. 대사를 받아쓰기 해 본다(40분).
3. 먼저 영영사전을 찾아 예문을 보고 그 다음 한영사전을 찾는다 (20~30분).
4. 자막을 틀고 재시청하며 내가 쓴 것을 교정한다(40분).
5. 드라마를 녹음한다(20분).
6. 기상 2시간 전 틀어놓고 다시 잔다.

B안

1. 영한 자막을 켜두고 즐겁게 본다(물론 영어자막도 봐주며).
2. 다시 보며 생소한 표현을 단어, 뜻, 예문(그 드라마의 대사)으로 정리한다.
3. 정리가 끝나면 다시 한 번 시청하며 녹음을 한다.
4. 기상 2시간 전 틀어놓고 다시 잔다.
5. 파일을 스마트폰이나 USB로 옮겨 자주 켜둔다.

팁으로 스마트폰으로 다시 한 번 시청하며 생소한 표현들은 스크린 샷을 찍어두어 화면과 함께 보면 더 기억에 잘 남고 자동차에서도 USB를 늘 꽂아둬 시동만 걸면 영어가 나올 수 있게 해두면 좋다.

영어로 갈 수 있는 대학전형

경희대학교

16년 글로벌 전형 국제학과 70명 모집

수능 최저 등급 없음

조건

고졸이상 탁월한 외국어 능력을 바탕으로 글로벌 역량을 갖춘 자

서류 70% 영어 면접 30%

서류평가를 위한 개인 활동 자료 및 실적물은 A4용지 최대 20매까지 제출 가능

단, TOEIC, TOEFL, TEPS 등 공인 외국어 성적은 평가에 반영하지 않으며 제출할 수 없다.

토익, 토플 성적으로 평가하는 정량적인 방식에서 이제는 대외 활동

및 면접을 통한 정성적인 방식을 통해 수험생을 선발하는 방법으로 바뀌게 되었다.

따라서 성적으로만 평가하던 방식에 비해 예측하기 어려워졌지만 곧 외국어를 어느 정도만 해도 대외 활동이 많다면 입학할 수 있다. 대외 활동이 곧 수상 경력만은 아니다. 오히려 하고 싶은 공부를 하면서 대학을 입학 할 수 있다.

포털 사이트에 고등학생 대외 활동을 입력해서 해 볼 만한 것을 찾는다면 그건 남들도 이미 다 하고 있다는 뜻이다.

다시 고교 시절로 돌아간다면 그저 남들처럼 방학 때도 도서관에서, 학원에서만 낭비하지 않을 것이며 이런 어마어마한 기회를 적극적으로 이용할 것이다.

만약 내가 고교생이라면 이런 활동을 하며 책을 내고 싶다.

예비 해외 금융 전문가

만약 세계 돈의 흐름에 관심이 많다면 6개월 동안 빠짝 영어 공부를 한 뒤 매일매일 영어신문, 경제주간지, CNN, BBC 등을 시청하며 해외 투자 전문가가 되어 직접 주식 투자를 할 것이다. 나는 현재 집에 3개의 TV가 있는데 24시간동안 각각 CNN(미국뉴스), NHK(일본뉴스), CCTV(중국뉴스)만 나온다. 그걸 보면서 참고해 직접 해외 주식에 투자하는데 사실 학생 입장이라면 여러 가지 볼 것도 없이 CNN만 보고 이코노미스트지 구독, 영자 신문 보기 등을 통해 경제 이슈에 대한 글로벌 마인드를 키울 수 있다. "CNN을 어떻게 알아들어? 그리고 영어만 해도 힘든데 무슨 경제를 할 수 있다는 말인가?"라고 생각할 수 있다. 그렇다 물론 어렵다. 하지만 영어를 목적이 아니라 수단으로 삼고 그걸 통해서 무언가 배우려한다면 반드시 놀라운 일이 일어날 것이다.

경제에서 쓰이는 용어는 생각보다 그렇게 많지 않다 그렇기 때문에 영어 실력과 경제에 대한 이해 및 중요 이슈에 대한 케이스 스터디를 한다면 충분히 할 수 있다.

어느 정도 수준의 외국어 실력까지 도달할 것인가를 고민한다면 그 나라의 뉴스를 알아들을 수 있는가 없는가에 가치를 두는 것이 좋다. 해외에 있으면 느끼는 것 중에 하나가 주요 뉴스 중에 우리나라로 번역되어 들어오는 것은 불과 몇 퍼센트 되지 않는다. 일본에서도 중국에서 뉴스를 볼 때 이건 중요한 정보 같은데 막상 한국에서는 보도가 되지 않았고 그렇다고 쳐도 큰 비중 없이 다뤄지고 있었다. 우리랑 직접적으로 상관없다고 생각해서 말이다. 만약 자기가 주식 투자를 한다면 해외 주요 뉴스를 원어 그대로 알아들을 수 있는 건 정보력에서 커다란 이점이 있다. 중국이 재채기를 하면 일본은 감기에 걸리고 우리나라는 감기 몸살로 몸져눕는다는 웃긴 이야기가 있다. 우스갯소리지만 이렇게 우리는 해외 경제에 민감하게 반응한다는 반증이기도 하다. 오히려 우리는 세계의 흐름에 더 민감해야한다.

투자를 통해 수익이 난다면 무척 좋겠지만 투자라는 것이 누구나가 예측할 수 없듯 많은 변수가 있다. 세계적인 경제학 석학이라도 늘 투자에 늘 성공하는 것은 아니다. 중요한 것은 투자를 통해 돈을 벌었느냐 벌지 못했느냐가 아니라 스스로가 얼마나 차별화를 두고 자기의 길을 개척해 가는 것, 그리고 '그것을 통해 나는 무엇을 느꼈나'이다. 더 이상 토익이

나 토플 같은 영어 성적에 얽매일 필요가 없으니 시간은 충분히 더 많을 것이므로 이런 경험을 책으로 엮어 나의 시행착오를 나누고 해외 투자에 대한 기본적인 지식을 전달 할 수 있다면 더 없이 좋을 것이다.

특별한 해외 봉사 계획

대학생들이라고 해도 해외 봉사라고 하면 으레 외국에 나가 나무를 심거나 우물을 파주거나 하는 것을 떠올리지만 나는 앞부분에 명함 소개한 곳에서 볼 수 있듯 스스로 계획을 잡고 떠나는 봉사에도 관심이 많다. 지금 꼭 하고 싶은 것이 있다면 나는 자전거로 세계 일주를 떠나고 싶다. 태권도복과 칫솔 회사를 설득해 받은 다량의 칫솔. 딱 두 가지를 가지고 낙후된 지역으로 가보고 싶다. 발길 닿는 곳의 마을 아이들에게 태권도를 가르쳐주며 그 마을에서 며칠간 머무를 수 있고 칫솔을 잘 쓰지 않거나 모르는 아이들을 위해 칫솔을 나눠주며 사용법을 가르쳐줄 예정이다. 바로 '치카푸카 플랜'이다. 어떻게 자전거를 타고 세계 일주를 할 수 있지? 태권도 가르쳐줄 아이들은 어떻게 모으지? 등등 생각하면 할수록 걱정거리가 한두 가지가 아닐 것이다. 나도 알고 있다. 고3때 혼자 서울 가는 것도 설렜고 또 동시에 걱정되기도 했는데 하물며 해외라니, 하지만 막연한 두려움은 막상 겪어보면 별 것이 아니듯 뜻이 있는 곳에서는 길이 있고 도와주는 사람이 항상 나타나기 마련이다. 지금도 많은 사람들이 그렇게 자전거면 가지고 해외여행을 떠나고 있고 꾸준히 포스트를 하고 있다.

한 가지 장담하는 것은 이렇게 스스로 계획하고 떠난 여행을 다녀온 후의 나와 지금까지와 마찬가지로 집–학교–학원을 반복한 나와는 커다란 차이가 있을 것이다. 용기를 가지자. 세상은 네가 생각하는 것보다 아직 가보지 않은 곳, 만나보지 못한 사람들로 가득하다. 방학을 맞아 몇 달간 스스로 계획하고 떠나본다면 입시를 떠나 젊은 날 무엇보다 소중한 경험이 될 것이고 믿을 수 없을 만큼 시야가 넓어진 자신을 발견할 수 있을 것이다. 물론 많은 돈이 들고 부모님을 설득해야하며 스스로도 확신이 없을 수 있다. 하지만 입시를 위해 하루에 10시간씩 공부만 하며 10대를 보낸 사람의 입장에서는 그런 보석 같은 경험을 하며 대학에 진학할 수 있다는 것이 마냥 부러울 뿐이다. 이 경험을 꼬박꼬박 포스팅하고 나중에 책 엮어 출판할 수 있다면 훨씬 더 좋을 것이다. 돈은 물론 많이 든다. 하지만 뜻만 있다면 어떻게든 길을 찾아 가는 것이 미래의 다른 내 모습을 위한 진보가 되어 줄 것이다.

만약 당신이 교수라면 이런 학생을 뽑고 싶지 않을까?

고2, 캐나다에서 질투심을 느끼다

　많은 부모님들이 방학을 맞아 아이들의 영어교육 계획을 세운다. 나는 고교생 때 캐나다 밴쿠버로 3주간 연수를 다녀왔고 대학 진학 후 3주간 영어 캠프 보조 교사로 일한 경험이 있어 영어 연수 계획에 대해서 이야기하고 싶다.

　먼저 영어 연수를 다녀온 시기는 2002년 7월부터 8월 사이라 비록 오래되긴 했지만 짜여진 커리큘럼과 외부 활동은 십여 년이 지난 지금도 별반 다르지 않을 것이다. 당시 들었던 비용은 400만 원이었고 그 외 수속을 위한 준비와 용돈 등을 합쳐 500만 원 조금 넘는 정도였다. 포함되는 내용으로는 왕복 비행기 삯(일본경유), 2주 썸머 스쿨 등록비, 2주 홈스테이 비용, 1주 캠핑 비용, 교통비 등등이었으며 15명 정도의 학생들과 함께 다녀왔다. 집 근처 영어 학원을 통해서 갔고 함께 갔던 친구들은 초등학생이 대부분이었고 중학생 3명, 그리고 유일한 고등학생이었던 나 이렇게 구성됐다. 비슷한 또래가 있다면 좋겠다고 생각도 했지만 같이 온 초등학생들을 보니 결국 함께 온 친구들이랑만 친해지고 쉬는 시간에도 한국 친구들끼리 삼삼오오모여서 떠들었다. 만난 지 얼마 안 됐지만 정말 단짝처럼 붙어 다녔고 짧은 연수 기간이지만 그 아이들이 외국인 친구들과 영어로 이야기하는 것은 별로 보지 못했다.

당시 미국에서 고등학교를 다녔던 분의 이야기가 떠올랐다.

중학교 졸업하고 캐나다의 기숙 고등학교로 곧장 건너갔을 때 영어를 정말 못 했을 뿐더러 사교성도 없어 처음에는 한국 친구들과만 어울려 놀았다. 그러던 어느 날 음악 시간에 피아노를 멋지게 친 적이 있었고 선생님의 권유로 음악 동아리에서 활동하게 되었다. 그 이후에야 비로소 외국인 친구들을 사귀며 진짜 유학 생활을 시작하려던 어느 날 한국 친구 한명이 와서는 "넌 재네(외국인 친구)랑도 놀면서 왜 우리랑도 같이 놀려고 그래?"를 시작으로 한국 여학생 무리들이 그 친구의 험담을 시작했고 그룹에 끼워주지 않았다. 그래도 외국 친구들과 함께 하는 공연이 무척 즐거워 도저히 그만둘 수 없었고 동아리 내에서도 피아노 실력을 인정받아 여러 나라에서 공연을 할 기회도 가질 수 있어 누구보다 성공적인 유학 생활을 보냈다. 스펀지 같던 언어 흡수 능력이 떨어진 17살에 갔음에도 훌륭한 영어 실력을 가질 수 있었고 내가봤던 누구보다 통역을 잘했다(보통 중2학년 때까지 언어를 관장하는 뇌부분이 말랑말랑해 외국어를 잘 습득할 수 있다고 알려져 있다). 그 후 미국 앤드류대학교 경제학과로 진학을 해 CPA자격증을 땄고 미국에서 회계사로 일을 시작하게 되었다. 당시 그 친구와 함께 학교를 다니던 한국 친구들은 아쉽게도 영어 실력이 별로 늘지 못했고 해외 대학 대신 한국 대학 진학을 선택해 귀국하는 친구들이 많았다.

부모님들은 비싼 돈 들여 해외에 보내놨으니 당연히 외국인들과 사귀

며 영어 실력도 늘고 국제적 감각도 키우고 여러모로 유익한 학교생활
이 되길 기하지만 부모님의 욕심일 뿐 현실은 한국 학생들의 특징인 그
'뭉쳐 다니기' 때문에 그 무리에서 빠져나와 새로운 관계를 맺는다는 것
은 부모님들이 생각만큼 그렇게 간단한 문제가 아니다. 남자아이들은 보
통 스포츠 활동을 해서 교류를 넓혀가기도 하지만 여자아이들 같은 경
우 낯선 타국에서 언어도 잘 안 통하는데 먼저 다가가 친구를 사귀기 쉽
지 않고 그런 적극적인 모습이 자칫 좋지 않은 인상으로 비춰지는 것을
두려워한다. 그래서 유학을 했음에도 생각보다 영어 실력이 머문 기간에
비해 좋지 않은 친구들이 많은 이유다. 이 악순환을 깨는 방법은 앞에
서도 설명해두었듯 자기가 잘하는 분야로 학교 내 동아리에서 활동하는
것이다. 설령 한국에서 적극적인 성격의 소유자라 할지라도 타지이며 언
어도 잘 안통하고 덩치 큰 외국인 친구들과 섞여있으니 자연스레 주눅이
들 수밖에 없다. 악기나 운동 등 자신 있는 분야를 하나 만들어 거기서
부터 시작하는 것이 좋다. 아이들의 성공적인 유학 생활을 원한다면 영
어만 공부하게 하는 것보다 정말 그 곳에서 잘 활용할 만한 특기 하나를
가지게 하는 것이 100배 낫다. 그렇게 된다면 방과 후 나쁜 길로 빠질 위
험도 비교적 적으며 같은 관심사의 건전하고 좋은 친구들도 만날 수 있
기 때문이다. 여학생 같은 경우에는 피아노, 바이올린 등의 악기가 좋고
남학생인 경우에는 악기나 농구 같은 구기 종목도 좋고 음악도 좋다. 사
실은 남자아이들은 운동을 잘 못해도 그다지 크게 상관이 없다. 그저 좋
아하기만 하면 된다. 언제나 농구공 하나만 들고 가도 무리에 함께 껴서
놀 수 있기 때문이다.

이제 캐나다에서 보낸 3주간의 이야기를 하자면 먼저 도착 후 홈스테

이 가족을 만나게 됐다. 그렇게 그 가족의 집으로 가서 2주 동안을 함께 보내게 됐는데 나의 경우 나와 나이가 같은 아들을 둔 아줌마 집으로 가게 되었다. 함께 온 초등학교 5학년 친구와 같은 방을 쓰게 되었고 코고는 소리가 심해 밤마다 심란했다. 당시 어떤 친구는 이탈리아 이민자 가족의 집으로 가게 되었는데 2002년 월드컵에서 우리나라가 이탈리아를 이기고 얼마 안 되었던 시기라 나보다 더 심란해했다. 그렇게 첫 날을 보내고 다음날 등교를 했다. 내가 갔던 곳은 밴쿠버 외곽에 위치한 메기 고등학교였는데 매년 여름방학마다 썸머 스쿨을 열어 해외에서 영어를 배우러 오는 많은 학생들에게 교육 과정을 제공했다. 도착하자마자 레벨 테스트가 예정이 되어있었고 기필코 상위권 반을 가리라고 다짐을 했었지만 결과는 6개 레벨 중에 3번째 레벨에 배정되었다. 나름 학교에서는 영어를 하는 편이었는데 어려서부터 국제적 감각을 키운 학생들이 모인 이곳에서는 상대가 되지 않았다. 특히 나와 함께 갔던 중학교 3학년 여자아이가 최고 레벨의 반에 배정되는 것을 보고 상당히 쇼크를 먹기도 했다. 그렇게 두근두근대는 첫 수업이 시작되었고 오전이면 수업이 다 끝나 그 후에는 인솔 교사를 따라 가끔 시내 관광이나 교외로 나서기도 하고 또 어떤 날은 일찍 집에 들어가기 했다. 어느 날 주말에 늦잠을 자고 일어나니 집에 아무도 없어 간단히 슈퍼마켓에 간다고 집을 나섰다. 슈퍼가 없어 계속 배회하다보니 여기가 어딘지 나는 누군지 모르는 상태가 되어버렸고 그렇게 길을 잃어 국제 미아가 신세가 되었다. 캐나다 밴쿠버라고 해도 밤늦게 혼자 돌아다니는 것은 상당히 위험하다는 이야기를 많이 들어 길을 헤매다 해가 떨어지기에 주위 사람들에게 도움을 청했고 경찰차를 불러 경찰서로 가서 여러 가지 진술 끝에 연락이 닿아 새벽 3시가 넘어서야 겨우 집으로 들어오게 되었다. 10시에 집을 나갔으니 꼬박 17시간 만에 집으로 들어온 셈이다. 홈스테이 아주머니가 울며 안아주는 것을 보며 실로 많은 사람들에게 걱정을 끼쳐서 정말 미안한 마음이 들었다. 그 날 캐나다 경찰서에 잠시 있을 당시 경찰관이 사다준 치즈버거는 지금까지 먹어본 햄버거 중에 가장 맛있었고 아직도 치즈버거를 좋아한다. 지금 생각해도 캐나다 경찰들은 다정했고 일처리 또한 재빨랐다. 자기들이 해결 못할 것 같으니 바로 국제 미아 보호 센터에 넘겼고 그 곳에서 길을 잃은 아이들을 위한 전문 인력들 덕분에 무사히 집으로 귀가할 수 있었기 때문이다.

각 반마다의 학급 구성은 10명 남짓으로 영어 실력, 국적, 나이를 고려해 편성했지만 어차피 한국 학생이 절반, 중국 학생이 절 반, 그리고 일본 학생 소수 정도였다. 가끔 프랑스나 체코 등의 친구들이 있는 반도 있었지만 대부분 아시아에서 온 친구들이었고 비록 나를 포함한 반 친구들 대부분 영어 수준이 심오하지 않다보니 그렇게 깊은 이야기를 나누지 못했지만 난생 처음으로 이렇게 많은 외국인 친구에게 둘러싸여 즐거운 나날들을 보내게 되었다. 이 즐거운 나날에 관한 것은 일본어 편에서 '일본어를 배우기 결심한 이유'에 열거해 놓았다. 가끔 학교에서 오후에 과학관, 우주 여행관 같은 곳을 견학 갈 때면 실력이 가장 좋은 반 친구들은 원어민 선생님과 즐겁게 이야기하며 웃기도 하는걸 보며 부러운 마음이 드는 동시에 얘가 무슨 이야기를 하나 궁금해 하며 주위를 기웃거리는 나를 보며 '나도 언젠가 저 아이처럼 영어를 잘하게 되는 날이 올까?'라는 설렘에 가슴이 뛰기 시작했다.

〈고2 캐나다에서 캠핑〉

 그 전까지는 남들도 그렇듯 무언가를 잘해보고 싶다, 지금과는 다른 모습이 되고 싶다는 마음은 있었지만 구체적으로 그게 무엇을 가리키는 지 알지 못했다. 하지만 지금 내 눈앞의 바로 저 여자 아이의 모습, 그 모습이 나여야 한다는 강한 열망을 느꼈다. 나도 저렇게 즐겁게 외국인 선생님과 이야기하며 내가 느끼는 이 부러움과 경외감, 그리고 남들도 저렇게 되고 싶다는 감정을 불러일으키는 모습이었으면 좋겠다고 느끼게 되었다. 바로 질투심을 통해 처음으로 롤 모델을 발견한 셈이다.

 2주간의 학교 수업이 끝나고 외국 친구들과 버스를 타고 1주일 동안 캠핑에 참여했다. 로키산맥까지 가느라 8시간 가까이 버스를 타고 가게 되었다. 텐트 몇 개 침낭 몇 개 이렇게 있는 캠핑장이 아니라 운치 있는 오두막집 숙소와 식당 건물에 카약 장비와 언제든 까먹을 수 있는 오렌지와 캠프파이어 전용 장소까지 정말 모든 것을 갖춘 멋진 별장 같은 캠핑장이었다. 한국에 있을 때는 경치에는 별 다른 감흥이 없었지만 캠핑장에서 본 눈에 가득 차는 압도적인 설산과 그 모습을 그대로 비추는 잔잔한 호수까지 정말 풍경 그 자체였다. 학교와 다르게 그곳은 캐나다 친구들뿐만 아니라 유럽 친구들이 많았고 오히려 아시아 친구들이 적었다. 여기에 와서 비로소 진짜 영어권 친구들과 이야기하게 되어 무척 신기했지만 여기는 캐나다라고 생각하니 당연한 걸 왜 이렇게 어색하게 느껴졌나 싶었다. 커리큘럼도 알찼다. 카약 경주대회, 페이스페인팅, 축구, 캠프파이어, 날마다 있는 파티 그리고 매 식사마다 야외 식탁에서 50여명의 캠핑 참가자들과 모여 먹었는데 음식도 맛있었지만 한쪽에서는 불판에 햄버거 페티를 굽고 있어 주문한 뒤 마음대로 받아 가면 됐었다. 늘 5개씩 먹었다. 당시 경찰서에서 먹던 치즈버거만큼 맛있었다. 식사 후 오렌지를 두세 개 집어 벤치에 앉아 일본 친구와 까먹었다. 또래가 없으니 항상 마음 맞는 외국인 친구들을 찾기 위해 노력했었다. 2주간 학교 다녔을 때도 일본 친구들과 제일 친했는데 여기서도 일본 친구랑만 다니게 되었다. 사실 나뿐만 아니라 영어권 국가에 어학연수를 간 친구들 대부분이 외국인 중에서도 생김새가 비슷한 일본, 중국 친구들이 끌리게 되는데 중국보다는 일본 친구들과 마음이 잘 맞는다. 이상하게 중국 친구와는 문화적 이질감을 느끼게 된다. 그래서 사실 어학연수를 가서 사귄 친구들이라고는 한국인, 일본인인 경우가 태반이다. 해외 어학연수라는 것이 영어를 배우러 온 친구들을 모아놓고 하는 것인데 선생님이 영어로 이야기한다. 같이 공부하는 친구들이 외국인들이다. 수업 후 딱히 할 게 없어서 처음엔 열심히 공부한다. 그러다 한국 친구들을 사귀기 시작해 그들과 재밌게 논다. 그리고 귀국한다. 부모님들은 아마 믿기지 않겠지만 보통 이렇다. 그리고 거기서 연애하는 친구들이 많고 죄다 한국인들끼리 연애를 한다. 자세한 이야기는 직접 겪어본 중국 편에서 확인할 수 있다.

그렇게 캠핑 생활도 끝났고 돌아오는 비행기에서 스스로의 다짐과 약속들을 정리해보는 시간을 가졌다.

그때의 각오로, '설령 재수를 한다 해도 좋아하게 된 공부를(영어)하고 대학에 가겠다. 하루에 무조건 10시간씩 공부하겠다!'

지금 보면 정말 웃음만 나오지만 그 당시에는 정말 진지했다. 그리고 그 전에는 영어가 흑백의 지루한 과목이었다면 이제는 내가 나로서 세상을 당당하게 살아가기 위한 하나의 도구로 느껴지기 시작했다.

영어 캠프
TA(보조교사)경험

내가 참여한 영어 캠프는 경희대 기숙사 영어 캠프 과정이었는데 첫 번째는 학생으로 두 번째는 선생으로 참여를 했다. 당시 3주 과정에 등록비 180만 원이었고 첫 캠프를 대학 입학 전 부모님이 입학 선물로 보내주셨다. 그 후 딱 2년 뒤 이렇게 내가 보조 교사가 돼서 이렇게 참여하고 있는 것이 무척이나마 뜻 깊었다. 사실 그 사이 전혀 영어에 손댄 적이 없었다. 몇 달간 준비했던 일본어시험이 끝나고 바로 영어 캠프 면접을 봤고 비록 다른 지원자들보다 어리고 경험도 적었지만 학생 때부터 뵀던 교수님이 예전에 성실히 공부하던 모습을 기억해주셨던 덕분에 3대1 정도의 경쟁률을 뚫고 보조 교사로서 일할 수 있는 자격을 얻게 되었다.

보통 9시부터 시작해 12시까지 오전 수업을 하고 성인부는 오후 4시까지 연속으로 수업을 하지만 초등부의 경우는 특활(체육 활동, 영화감상 등) 비중이 조금 더 크고 몸으로 하는 게임도 진행한다. 그리고 마지막 1주일은 공연을 준비하는데 영어 연극이나 뮤지컬을 일주일 정도 준비하고 수료 하루 전날 부모님들을 초청해 선보인다. 내가 담임을 맡았던 아이들은 초등학교 4학년에서부터 중학교 1학년까지 구성되었고 레벨 테스트 후 5개 반으로 나눴는데 나는 그 중에 3번째 반을 맡게 되었다. 캠프 일주일 전부터 TA들끼리 모여 어떻게 캠프를 진행해나갈지 회의를 했다. 아이들 앞에서 한 번이라도 한국어를 쓰게 되면 계속 한국어로만 물을 것이라는 판단에 해외에서 온 유학생인 척 연기를 했다. 다들 자기들이 거주한 나라에서 교환학생으로 왔다는 설정을 잡았고 나는 일본에서 온 걸로 연기했다. 아이들 앞에서는 무척 효과가 있어 아는 단어를 총 동원해서 어떻게든 영어로 말하려는 모습이 귀여웠고 그만큼 실력도 향상되는 것이 보였다. 사실 수업들은 외국인 교수님들이 다 하지만 TA들과 보내는 시간이 더 많다. 아침에 기상 시키는 것부터 아침 운동을 시키고 밥을 먹이고 수업에 보내놓고 그 사이 숙제 검사, 연극 준비, 부모님과 상담하기 등 난생 처음 해보는 일이라 그런지 지치지 않았고 즐거웠다. 함께 일했던 TA들도 24시간을 함께 붙어있으니 친해졌고 캠프가 끝난 후에도 자주 모임을 가졌다. 그때 가르쳤던 아이들이 이제 대학생이 되어 연락이 올 때마다 벌써 이렇게 컸나하며 새삼 놀란다.

첫 아르바이트가 중요하다고 생각한다. 처음 경험했던 아르바이트가 기준이 되어 앞으로 선택하게 되는 일도 예전보다 더 좋은 경험을 줄 수 있는 것을 찾게 된다. 그리고 사실 예전에 했던 것보다 보수가 적고 힘든 일은 잘 눈에 안 찬다. 영어 캠프 3주간 일하고 번 돈으로 바로 일주일 동안 함께 일했던 친구들과 일본 여행을 떠났다. 보수는 그렇게 많은 편은 아니었지만 업무에 비해 많은 편이었고 함께 일했던 또래 친구들과 일하는 것도 무척 즐거웠다. 먹는 것, 자는 곳 등 생활환경도 훌륭했다.

학부모님들이 가끔 영어 학습 상담을 해오는 경우도 있었는데 그때마다 내 노하우와 경험을 아낌없이 전했다. 그때 처음으로 '내 이야기가 남들의 관심을 끌 수 있구나'를 느끼게 되었다. 그 상담을 통해 느낀 것은 앞으로 펼쳐질 내 20대, 그 10년이라는 기간을 남에게 이야기해줄 경험이 많은 사람이 되고 싶다고 다짐했다.

이 책은 그 결심 이후의 10년간의 나의 좌절, 설렘, 성취, 기쁨 모든 것을 담고 있다. 어떤 사람은 목차만 읽고 덮었을 수도 있지만 내 인생, 지금이 바뀔 시기라고 느끼는 사람이라면 더 진지하게 읽고 있을 것이라 믿는다.

우리는 이야기를 듣고 싶어 하지만 그보다 더 내 이야기를 들어주는 누군가를 필요로 한다. 그것이 내가 책을 쓰게 된 계기이다. 나의 이야기를 들어줄 누군가가 있어 좋은 방향으로 인생이 바뀔 수 있다면 그보다 더 큰 보람은 없을 것이라 생각한다.

어느 누구에게나 가슴속에 품은 자기만의 이야기가 있다. 그러니 아무리 말하는 게 어눌해도, 재미없어도 일단 들어주려 노력하자. 그것이 무수히 거친 어제들을 통해 겪어왔던 배워왔던 그 사람만이 할 수 있는 이야기니까.

해군 통역장교 생활

해군 1함대가 위치해 있는 강원도 동해에서 통역 장교로 복무한 적이 있다. 혹시 통역장교에 관해 관심 있어 할 사람을 위해 그리고 쉬어가는 의미로 강원도에서의 생활에 대해 이야기하고 싶다.

나는 군대를 두 번 갔다. 먼저 공군사관학교에서 헌병으로 2년 1개월의 군복무를 마치고 중국으로 1년간 어학연수를 떠났고 귀국 후 취직 준비를 하던 중 해군 장교로 다시 입대했다. 취준생 시절 면접의 기회를 얻은 회사가 대학생 때부터 가장 가고 싶었던 곳임에도 불구하고 실제로 이곳의 일원이 된다고 생각하니 가슴이 답답해졌다. 주말인데도 많은 사원들이 출근을 하는 모습과 잦은 야근과 과로가 누적되었는지 많이 피곤해 보였고 입사 후 하게 되는 일들도 이상과 많이 멀어보였다. 솔직히 그 이후부터 일에 대한 열정이 없이 연봉만 보고 회사를 지원했는데 그렇게 방황이 시작되었다. 그러던 어느 날, 군 복무 중 썼던 일기를 꺼내 보게 되었고 온통 우리 소대장 멋있다, 나도 그런 군인이 되고 싶다는 내용이었다. 결국 그 일기 한 줄이 계기가 되어 입대를 했고 해군 장교로 다시 군 생활을 하게 되었다. 원래 배를 타는 함정 병과에 지원했지만 6개월의 함정 생활 중 영어 테스트를 받고 통역장교로 차출되어 강원도에서 근무하게 되었다.

함정 근무 당시 세월호 사건이 있었다. 내가 탄 군함도 근해로 파견되어 몇 달 동안 바다에서 희생자 수색 작업을 하게 되었는데 정말 안타까운 일이었다. 그렇게 해상 근무를 마치고 강원도로 발령을 받았게 되었다. 해군은 많은 부대가 바다를 접해 있기 때문에 풍경이 좋다. 가끔 일이 안 풀릴 때면 넓은 창문으로 비치는 동해바다를 사무실에서 넋 놓고 바라보고 있는 것만으로도 좋았고 조금만 나가면 멋진 바다며 산들이 많았기 때문에 이렇게 멋진 곳에서 근무해보는 것도 평생 잊지 못할 경험으로 남았다.

1) 1g의 의지만 있다면

밖에서 생각하는 것보다 군대는 업무량이 많다. 그래서 처음에는 퇴근 후에나 주말이 되면 쉬기 바빴지만 어쩌면 살면서 마지막일 수 있는 강원도에서의 생활을 누려보고 싶다는 소망으로 다양한 계획을 세웠다. 먼저 9월의 동해 바다는 무척 따뜻해 아침 5시 반에 일어나 세수도 하지 않은 얼굴로 대충 널어놓은 윗 슈트를 주섬주섬 껴입는 걸로 시작했다. 보드를 차에다 싣고 10분 거리에 있는 해수욕장을 향했다. 그곳에는 나보다 이미 먼저 도착해 바다에 몸을 반쯤 담구고 계신 분들과 가볍게 인사를 하고 모닝 서핑을 즐겼다. 그렇게 한 시간 동안 즐긴 후 샤워하고 출근을 했다. 직업을 가지고 돈을 벌기 시작하니 평소 가지고 싶었던 보드나 슈트 등 장비를 사 모으느라 무척 즐거운 나날들을 보냈다. 매일 미국에서 온 택배들만 차곡차곡 쌓여갔다(어느덧 서핑보드만 3개).

　주말이면 근처 해수욕장으로 서핑 동호회 사람이 찾아왔고 밤이면 캠핑을 하며 즐거운 강원도 라이프를 보냈다. 열심히 활동했더니 어느덧 모임의 운영진까지 맡게되었다.

　11월이 되고나서는 물이 꽤 차가워져서 해외 직구로 두꺼운 겨울용 슈트와 장갑, 신발, 모자를 주문해서 칼바람 날리는 계절에도 서핑을 즐길 수 있었는데 겨울 바다는 무척 사납지만 그만큼 또 다른 매력이 있다. 꼭 서핑 대회에 출전해 우승을 하고야 말리라는 다짐으로 주말마다 겨울바다에 나갔다.

〈동해 추암 해변〉

〈꿈만 같던 여름휴가, 제주도 중문 해수욕장에서〉

2) 스쿠버자격증을 따다

필리핀에서 체험 다이빙을 한 후 물속 세상이 너무나 인상 깊어 세계 우슈의 다이빙 성지를 돌아보겠다고 결심했다. 그렇게 몇 년 동안 미뤄뒀던 스쿠버다이빙도 드디어 시작해 3박 4일의 교육 후 Advance 자격증을 취득했고 동해 바다 속 38미터 풍경을 볼 수 있었다. 세상에 놀면서 딸 수 있는 자격증이 있다는 것에 새삼 신기해했다. 스쿠버다이빙 Advance 이상 자격증이 있으면 인솔자 없이 혼자 30m 이상 내려갈 수 있다. 보통 필리핀 등지에서 체험 다이빙을 하면 인솔자에게 목덜미를 잡혀 10m정도의 얕은 곳에만 들어간다. 그 단계 전인 가장 기본인 Open water 자격증도 혼자 잠수할 수 있는 자격이 주어지지만 심도 10m정도밖에 내려갈 수 없다. 유명한 다이빙 장소들이 대부분 20~30미터 아래에 있어 처음부터 Advance를 목표로 하는 것도 나쁘지 않다 (사실 물에 대한 공포만 적다면 돈만 내고 충분히 딸 수 있다). 그리고 오리발, 물안경 등 스노클링 장비도 구입해 서핑을 하러 갔지만 파도가 없는 날은 잠수해서 조개를 캐며 사람들과 시간을 보냈다.

〈스쿠버 Advance 자격증〉

3) 스노보드 첫 시즌권

겨울에는 역시 스노보드! 한 시간 떨어진 곳에 유명한 스키장이 있는데 몇 달부터 미리 시즌권을 끊어둬 개장하기를 기다렸다. 어쩌다 칼퇴근하는 날에는 집에서 성급하게 옷 갈아입고 보드를 챙겼고 저녁 밥 대신 초코파이 몇 개 집어넣고 40분을 달려 도착했다. 주말에는 사람이 너무 붐벼 자유롭게 탈 수 없어 평일날 밤에 가는 걸 좋아했다. 그렇게 한 시즌 타고 나니 처음에는 신나게 넘어지기만 하던 왕초보에서부터 시작해 이젠 중급 정도의 레벨인 카빙턴까지 가능해졌고 상급 코스에서도 즐겁게 탈 수 있는 실력을 갖추게 되었다. 또 서핑 동호회 사람들이 겨울에는 스키장으로 이동했기 때문에 가끔 주말에는 시간 맞는 사람들과 방을 잡고 함께 타기도 했다.

〈아름다운 강원도 스키장〉

그리고 태권도 도장을 꾸준히 다녀 새로 단을 따기도 하고 한 달간은 집에 꼼짝 않고 기타를 쳤다. 덕분에 그렇게 치고 싶었던 오시오 코타로의 황혼이라는 기타 곡을 흉내 낼 수 있었고 그 여세를 몰아 무척 저렴한 홈 레코딩 장비를 집에 설치해 기타를 치며 노래 부르는 것을 녹화해 인터넷에 올리기도 했다. 그리고 꼭 하와이에서 길거리 공연을 하고 싶다.

하지만 뭐니뭐니해도 가장 뿌듯한 건 지금 여러분들이 보고 있는 이 글을 쓴 것이다. 시간이 많을 때는 그렇게 한 문장 쓰기도 힘들었는데 왜 무엇이든 얼마 남지 않았다고 생각하면 이 작은 시간들이 소중하게 느껴지는 걸까? 얼마 남지 않은 이 시간 동안 어떻게든 여기서 할 수 있는 건 다 해보고 싶었다.

〈별 사진 찍을 준비 끝〉

쉬어가기가 길었지만 해군 통역장교로서 어떤 일들을 했는지 말하고 싶다. 해군은 크게 1함대(강원도), 2함대(경기도) 그리고 3함대(전라도)에 함대가 있고 부산에 위치한 사령부, 이름도 들어보지 못한 섬 등 많은 곳에 부대가 있는데 주로 각 함대나 연합사, 작전사에 배치되어 근무를 하게 된다. 미국, 일본 등 다양한 나라와 진행하는 대규모 훈련이 잦은 편이며 그때 통역 장교의 역할이 특히 중요하다. 1함대 통역장교로 근무할 때 가장 많이 업무 협력을 했던 곳은 미 태평양사령부 해군들이다. 대규모 훈련 전 몇 번씩 연합사에 한미 실무 담당자가 모여 세부적 훈련

내용에 대해 사전 조율을 하는데 실무 차원에서 통역 업무를 위해 수차 례 용산 연합사령부를 방문했고 교육 차원에서도 출장을 갔다. 출장 기 간은 훈련의 규모에 따라 다르지만 보통 일주일정도 걸리고 매일매일 복 잡한 업무 조율이 이루어진다. 연합사령부는 우리나라 안에 있지만 마치 외국에 와 있는 것 같은 이국적인 곳이었다. 건물도 미국 본토 건설 회사 에게 맡겼는지 온통 미국 스타일로만 지어졌고(비록 미국에 가본 적은 없지만 느낌 아니까), 호텔, 식당, 도로, 헬스클럽 등 내부에서 생활이 가 능하도록 갖춰놓았다.

　　내가 맡았던 함대 통역관의 주요 업무는 사령관 통역, 미 함대와의 연 락 업무 그리고 미군함정이 정박하면 미군들을 인솔해 견학, 봉사 활동, 만찬 등에 참석해 통역 업무를 지원하고 출장이 잦으며 그 외에 필요한 행정적인 일을 담당한다. 가끔 통역 후에 기념 코인이나 벳지를 받기도 하는데 감사와 존중의 문화라고 한다.

〈1. 연합뉴스에 보도된 사진, 미함 방문 뒤에 통역 지원하는 나〉
〈2. 연합사령부 통역 출장 때 미군에게 받은 코인과 벳지〉

〈3. 미함정 입항환영행사(사회진행)〉

외국어 학습에도
코치가 있다면?

　많은 20대가 그렇듯 나 또한 어떤 직업을 선택해 무엇을 해나가며 살아가야할지 알지 못했다. 특별한 전공 관련 기술이 있는 것도 아니며 물려받을 가업도 없었다. 어떻게 보면 직업에 있어서 자유로운 선택이 가능한 것처럼 보이지만 사실 이 사회의 수만 가지 직업 중에 막상 대학을 졸업하고 할 수 있는 일이란 직장인, 공무원 이 두 가지밖에 없어 보였고 남들처럼 자연스레 하고 싶은 것이 없어서 취업 준비를 하게 되었다.

　사실 수십 개의 나라를 돌아다니다보니 자연스레 생긴 촉 중에 하나는 이제 그 나라에서 도착 후 비행기, 배, 기차에서 한 발짝만 떼어도 여기에서 어떤 즐거운 일이 생기겠구나 하는 기대가 생긴다. 독일 입국 후에 기차에서 내렸을 땐 무거운 공기와 느리게 흘러가는 시간을 느끼며 여기에서는 특별한 일이 일어나지 않을 것이라 느꼈고 실제로 그런 날들을 보냈다. 하지만 프랑스에서는 뭔가 들뜨게 만드는 향기를 맡은 듯 했고 유럽 여행 중 가장 즐거운 시간을 보냈다. 이렇게 새로운 곳에서의 첫 느낌은 대게 맞는 편이라 한번 머릿속에 느낌이 오면 보통 잘 떨치지 못한다. 방황 끝에 결국 조직에 들어가 나의 일을 갖게 되었고 그 안에서 좋은 사람을 많이 만났지만 평소 방랑벽이 있고 하고 싶은 것은 꼭 해야 직성이 풀리는 성격으로 그 안에서 많은 고민을 하게 되었다. 끝내 내린 결론은 누구나 다 하는 말이지만 실천하기는 절대 쉽지 않은 '내가 좋아하는 것을 하자'는 것이다. 이 뻔한, 누구나 할 수 있는 말을 실행에 옮기기 위해서는 대단히 많은 용기를 필요로 한다. 용기란 결국 경험을 통해서만 나오는 것이고 경험은 스스로에게서 찾아야 하며 기억을 해야 한다. 내가 뭘 할 때 즐거운지, 그 일이 과연 다른 사람에게도 즐거운 경험을 줄 수 있는지 생각해봐야 한다. 내 가치와 사람들의 필요에 대한 접점을 찾아야 비로소 도전하고 싶은 생각은 든다. 중요한 것은 그 생각을 잊지 않도록 하나하나 기록하는 것이다. 지금의 온전한 생각과 뜨거움을 동결, 건조시켜 언제든지 떠올릴 수 있게 해야 한다. 그렇지 않다면 당시 품었던 이상은 마치 오래된 책처럼 머릿속 어딘가에 다시 볼 것처럼 꽂아두기만 하고 잊혀지게 된다.

안정제일주의가 주는 당장의 달콤한 안락함에 빠진다면 내가 하고 싶은, 되고 싶은 모습은 찾을 수 없을 것이다. 나는 아직 결혼을 하지 않아서 부양할 가족이 있는 사람이 느끼는 부담까지는 알 길이 없지만 적어도 지금 이 모습이 내가 아이에게 보여주고 싶은 멋진 아버지의 모습은 아닐 것이다. 그래서 나는 누구에게 내 미래를 맡기지 않고 스스로 찾아보기로 했다.

그 중에 하나가 '전지유 언어 연구소'의 소장이 되는 것이다.

의도하지는 않았지만 나는 한국 사람이 우리나라에서 태어나서 외국어 공부할 수 있는 웬만한 방법을 다 경험해보았다. 독학, 과외, 그룹 스터디, 전화, 인터넷 강의, 학원 강의, 영어 캠프, 어학연수, 교환학생 등 심지어는 회화도 셀프로 공부하며 등하교 버스에서 틈틈이 익혔고 대학 영어 면접 때 교수님의 칭찬도 듣게 되었다. 그래서 나는 외국어 공부할 때의 고통을 이미 많이 겪어봤고 수많은 시행착오를 거쳤고 또 지금도 거치고 있다.

외국어 학습 전문가로 컨설팅 일을 생각해본 적이 있다. 그 생각을 주위에 나누면 긍정적인 대답보다 어차피 공부는 혼자 하는 건데 굳이 컨설팅을 받을 필요가 있을까라는 대답이 많았다.

이 일에 계기가 된 것은 전역 후 동생과 헬스장을 등록하며 몸만들기 경험을 살려 '우리 집 돼지 살빼기 100일 프로젝트'를 시작했다.

나는 평소 무엇이 되었건 계획을 짜고 그것에 맞춰 실행하는 것을 병적으로 좋아한다. 그렇게 3개월 코스를 짜서 고객에게 분명한 목표와 진행 상황을 시각화하였고 정기적 PPT 발표로 안심시켰다. 고객(?)의 체질량 등을 지속적으로 분석해주며 데이터를 만들어 관리해주게 되었고 Before 사진을 찍은 시작 당일부터 고강도 운동을 시작해 일주일마다 계체를 하고 식단을 분석하며 구체적인 수치를 제시해 스스로 변화하고 발전하고 있다는 것을 알려주었다. 그리고 동기부여를 위해 3개월 후에 달라진 미래 예상 사진을(제목 :긁지 않은 복권)방에서 가장 잘 보이는 곳에 붙여놓았다. 그러한 노력 끝에 동생은 100킬로에서 80킬로대로 감량을 성공하였고 누군가의 발전을 옆에서 지켜보는 것은 정말 즐거운 일임을 배우게 되었다.

외국어 공부 또한 관리가 필요하다. 물론 혼자 열심히 운동해도 살은 빠지기는 하지만 경험상 중도에 포기할 확률이 높고 하루하루 더 많은 에너지가 들어가게 된다. 긴 마라톤에서 같이 뛰어주는 코치가 있었으면 단계마다 마주치는 장벽을 넘는 것이 훨씬 수월하며 중도 포기의 확률이 현저히 줄어들게 된다.

나 스스로 영어, 일본어, 중국어, 독일어, 스페인어, 러시아어, 아랍어를 공부해 보고 그 경험을 토대로 컨설팅을 진행하며 고객에게 가장 최적의 공부 여건과 외국어 학습의 멘토로서 처해있는 환경을 분석하여 가장 이상적인 공부 방법 및 학습 교재, 맞춤 강의를 제공하고 싶다.

외국어 공부의 좋은 점 하나는 살아가며 실력이 늘고 있고, 발전한다는 느낌을 가진다주는 것이다. 그렇게 자기가 성장하고 있다고 느낄 수 있는 일이 생각보다 그렇게 많지 않다. 그래서 마치 게임처럼 내가 얼마나 실력이 늘었는지 내가 지금 있는 위치가 어디인지 가늠할 수 있지 알 수 있는 자료를 제공해주면 좋을 것 같다는 생각을 하게 되었다.

좋아하는 것과 좋아하지 않는 것의 차이는 기꺼이 좋아하는 것을 위해 pay하는 것이라고 한다. 외국어 실력은 성실하게 투자한 비용과 시간에 비례한다. 기꺼이 좋아하는 것을 위해 돈과 시간 모두 지불해야 한다.

주위에서 외국어 공부 시작할거라고 안 보는 책이 있으면 달라는 요청을 무척 많이 받았다. 그렇게 많이 나눠주기도 하고 심지어 내 돈을 내고 사다준 적도 있었다. 그러면서 느낀 점은 설령 내가 돈을 지불하며 산 책도 잘 안 보는데 심지어 공짜로 얻은 책은 더더욱 안 본다는 것이다. 물론 개인적인 의견이긴 하나 처음부터 투자하지 않고 공부하려고 하는 사람들 중에 열심히 하는 사람 잘 못 봤다. 작은 금액도 투자하지 않으면 귀중한 시간도 투자하지 않는다 지나친 비약일지 몰라도 그런 사람들을 너무 많이 봤기 때문에 하는 말이다. 그러므로 지금 공부하려는 외국어는 현재 나의 우선순위 목록에서 몇 번째인지 곰곰이 생각해본 후 시작하길 바란다.

모두가 어학연수를 갈 수는 없다. 특히 직장인들 같은 경우는 항상 열심히 해보려고 하면 무언가 일이 생긴다. 하지만 때로는 망원경으로 때로는 현미경을 갖고 찾아보면 은근히 출퇴근 등 자투리 시간들도 많고 수면 시간까지 활용하여 공부할 시간이 은근히 있다. 그 시간을 적극 활용해 최상의 효과를 만들어 낼 수 있다고 믿는다. 믿음과 열정만 있다면 누구든 잘 할 수 있는 것이 외국어이다. 스스로를 믿고 다시 도전해보자.

일본어

영어 일본어 중국어
딱! 2년만에 끝내기

왜 일본어를
선택했나?

　왜 일본어냐면 고교 시절 3주간의 캐나다 어학연수에서 두근거리는 마음으로 교실 문을 열었는데 제일 먼저 반겨줬던 사람이 바로 일본 친구였다. 동갑 여자아이였는데 내가 처음으로 사귄 외국 친구라 설레기도 하고 신기하기도 했다. 하지만 우리 둘 다 영어를 썩 잘하는 편이 아니라서 대화가 뚝뚝 끊겼지만 그래도 서로 개그 코드도 잘 맞고 해서 덕분에 즐겁게 짧은 외국 학교 체험을 할 수 있었던 것 같다. 그 일본 친구의 상냥함과 예쁜 외모에 항상 부정적인 것들만 들어왔던 일본에 대한 선입견이 조금 깨지는 것 같았다. 고3때 일본 자매결연 학교를 일주일간 방문할 기회가 있어 일본 친구 집에 홈스테이를 했다. 그 일본친구의 명언, "어차피 한국이나 일본이나 사람 사는 거 다 똑같으니 우리 나가서 술이나 마시자, 내 친구들 소개시켜 줄게"라며 같은 반 남자, 여자 친구들을 불러내 밤새 술집에서, 노래방에서 밤새 정말 즐겁게 놀았다. 그때 '아 여기가 내 나라구나'라고 느끼게 되었고 그 하룻밤이 너무 즐거워 꼭 일본어가 유창하게 된 후에 다시 와야겠다는 다짐을 했다.

〈일주일간 머물렀던 일본 히메지공대 부속 고등학교〉

　그렇게 굳은 결의로 일본어를 배우기로 결심했지만 대학에 와서 차일
피일 미루다 '냉정과 열정 사이'라는 영화에서 남자 배우가 편지를 독백
하는 부분이 너무 멋있어 이번에는 일본어 자체에 매력을 느끼게 되었고
군 입대도 미루고 고시원으로 곧장 향하게 되었다.

인생은 선택의 연속이라고 한다. 하지만 선택을 안 하는 것도 선택을 하는 것이었으니 그냥 그렇게 마음에만 담아뒀다면 절대 내가 하고 싶어 했던, 되고 싶어 했던 내가 될 수 없었을 것이다. 나에게 있어서 그때 들렸던 일본어는 마치 기타 연주 같았다. 매력적인 남자 배우의 연주가 일본어라는 악기를 마치 현을 하나하나 섬세하게 치는 것 같은 느낌이 들 정도였고 나도 저렇게 말하고 싶고 그렇게 말하는 내 모습을 느껴보고 싶었다. 스스로가 보기에도 멋진 일본어를 구사하고 싶은 욕심이 동기가 되었고 내적 변화가 임계점에 도달해 행동으로, 겉으로 드러났다고 생각한다.

오늘은 현실이고 내일은 환상이라면 어제는 이야기가 된다. 이야기, 이렇게 내가 들려줄 수 있는 경험담도 이야기가 될 것이고 내 이야기란 나이가 얼마나 먹어서든 기억에 남을 만한 것이다.

그래서 추운 겨울 이불을 뒤집어쓰고 3개월 동안 열심히 했던 일본어가 청춘이라는 기억 속에 아름답게 남을 수 있었다.

여러분들도 더도 덜도 말고 딱 3개월만 일본어에 빠져들기 바란다.

일본어의
마라톤 코스는?

흔히 외국어 공부 좀 해본 사람에게 어느 외국어가 배우기 쉬웠냐고 묻는다면 대게 일본어라고 말할 것이다.

사실 어느 외국어나 최상급으로 가면 어려운 난이도는 비슷하다고 생각하지만 일본어는 어순이 같고 발음이 어렵지 않으며 한자어 또한 많은 부분 공유하고 있어 한국인이 접근하기 가장 쉬운 언어로 손꼽힌다. 그래서 나도 인사말부터 시작해 3개월 만에 어느 정도 구사할 수 있었고 원하는 시험에도, 교환학생에도 합격할 수 있었다.

일상생활에 지장 없이 듣고 말할 수 있는, 원하는 시험에 합격할 수 있는 수준을 목표로 마라톤 코스로 비유해 본다면 영어가 42.195km치면 일본어는 그 하프, 20킬로 정도라고 생각한다. 물론 많은 이견이 있겠지만 확실히 영어보다 중국어보다 배우기 쉬운 것은 누구나 인정한다. 그래서 많은 사람이 도전하는 것이고 금방 실력이 늘게 되는 경우가 많다.

첫 외국어를 일본어로 선택하는 것도 괜찮을 것이다. 특히 군대에서 공부하기 최적화 되어있다. 제발 '그 시간에 일단 영어부터'라는 생각은

버리자. 그렇게 영어부터라고 외치는 사람들 중에 정작 영어를 그렇게 열심히 하는 사람도 못 봤고 그 열정과 노력, 시간을 온전히 영어에 쓴다는 보장도 없다.

'하고 싶은 걸 하자'

일본어는 영어에 비해 짧은 공부 기간에도 좋은 성과를 낼 수 있다. 그 몇 개월 하고 싶은 거 한다고 큰일이 나진 않는다. 그리고 영어와는 다른 매력을 느낄 수 있는 일본어만의 독특한 감성을 선물할 것이다.

결국 일본어를 통해 외국어 공부가 재밌어질 것이라 생각한다.

일본어능력시험 2급!
3개월 만에 합격을 위한 내가 세운 전략

일본어 학습을 결심하며 처음에 선택한 것은 인터넷 강의이다. 하지만 대학생 새내기 때, 술 약속도 많고 동아리 활동에 사람만나는 재미로 학교를 다녔던 따뜻한 봄에 시작한 것이 패인이었는지 인터넷 강의 보는 내내 너무 졸려 1시간도 듣지 못하고 모니터 앞에서 병든 닭처럼 맥없이 쓰러졌다. 그렇게 한 달 듣고 중간고사로 한 달 쉬고 또 한 달 듣고 또 기말고사로 한 달 쉬고 이렇게 한 학기를 보내다보니 늘 같은 것만 보고 전혀 실력이 늘지 않았다. 같은 수업만 반년 내내 계속 듣는 꼴이었다. 그 후로 방학 때 대학에서 운영하는 하루 4시간 2개월 일본어 초급 집중 과정을 신청했으나 인원 부족으로 결국 개설되지 않았고 과외도 알아봤는데 가격이 너무 비싸서 감히 수강할 수 없었다. 결국 마지막 대안은 학원밖에 없었다. 입소문과 검색 끝에 종로에 있는 유명한 학원을 찾게 되었고 빽빽이 채워진 수업 시간표를 보며 이것이 내가 밟고 올라가야 할 사다리라는 사실에 몹시 흡족해하며 바로 이곳으로 선택을 하였다. 방은 학교 도서관을 쓸 수 있는 회기역으로 잡았고 매일 아침 지하철을 타고 학원으로 향했다. 맨 처음 들은 과목은 바로 '왕초보 기본 문법', '듣기 기초', '기본 한자 300개' 이렇게 3개 과목을 수강을 했다. 아침 8시 수업을 하나 넣었고 그 다음 것이 저녁 7시, 8시로 아침 8시에 와서 저녁 10시까지 학원에서 밥 먹고 작은 테이블에서 예습 복습을 하며 수업을 기다렸다. 휴일엔 9시에 일어나서 방에서 공부하다가 점심 즈음에 도서관으로 갔고 추워서 나가기 귀찮은 날이면 미리 사둔 빵과 귤을 까먹으며 책을 머리맡에 쌓아두고 침대에 엎드려 공부하고 다시 자고 또 공부하고 다시 엎드려 자고 이것을 무한 반복했다. 사실 다음 달도 그 다음 달도 수업이 바뀐 것 외엔 내 생활은 그렇게 달라진 것이 없었다. 그렇게 3개월이라는 시간이 흘렀다. 지금은 담담하게 이야기할 수 있지만 그때는 이야기할 사람 없이 혼자 그렇게 학원, 집, 도서관을 향하는 규칙적인 삶에 무척 외로움을 많이 느꼈다. 혹시 나중에 다른 외국어를 공부를 하게 된다면 꼭 그때는 어학연수를 가리라는 다짐을 했다. 아무튼 일본어능력시험 2급 전날은 3개월간의 고생을 평가받는다는 생각에 떨려서 잠이 전혀 오지 않아 뜬눈으로 밤을 지새운 끝에 시험장으로 향했다.

컨디션 조절에는 완전 실패하였지만 시험 결과는 만족스러웠다. 당시 일본어 능력시험 2급은 400점 만점에 240이상이 합격 기준이었는데 지금도 믿기지 않을 정도로 288점이라는 3개월(실제로 2개월하고 보름)공부한 것 치고는 높은 점수를 받았다. 그리고 마지막 달에 가볍게 회화 수업하나 듣자는 마음으로 레벨 테스트를 했는데 나에게 추천해 준 수업은 그 학원 회화 수업에서 가장 상위 레벨인 '고급 일본인 회화2'였다. 왕초보 기본 문법 1개월 완성반을 수강한지 3개월 뒤에 고급 과정을 듣게 되다니. 감개무량해 눈물이 다 났다. 그리고 실력 테스트 겸 한창 유행하던 일본 만화 원어판을 구해서 읽어봤는데 이해하는 데는 물론 시간을 조금 걸렸지만 원어로 읽어도 충분히 읽을 만했다. 커다란 학원 시간표에 있는 가장 수준이 낮은 반과 가장 높은 반을 번갈아보니 내가 거쳐 온 그 무수한 시행착오와 외로움과 불면증이 지금과 같은 압축 성장을 가능케 했다고 느끼게 되었다.

잊을 수 없는 고시원 생활

추운 겨울이면 방안에 있는데도 입김이 날 정도로 웃풍이 심했고(집에 있는데도 집에 가고 싶었다) 방음이 별로 좋지 않았다. 외국어 공부할 땐 습관적으로 틀어놓는 TV처럼 일본어 듣기를 켜놓는데 그것도 마음대로 할 수 없었다. 화장실과 샤워실도 방에 없어서 나가야 하며 추운 겨울에는 나가서 용변을 해결하는 것이 몹시 귀찮았고 샤워실은 온수 시간이 정해져 있어 조금이라도 늦으면 온수가 나오지 않아 덜덜 떨며 찬물 샤워를 한 경우가 많았다. 방 안에 화장실도 없었던 4인 기숙사에도 잘 살았는데 힘들었던 이유는 그 해 겨울은 지금 생각해도 추워도 너무 추웠다. 오죽하면 잠들기 힘들어 찜질방에 가서 잘 때도 몇 번 있었다. 밤새 뒤척이고 아침에 잠깐 몸을 풀고 싶어 목욕탕을 갔는데 잠이 들어버려 학원에 딱 한 번 지각한 적도 있었다. 하지만 그땐 전혀 힘들다고 생각하진 않았다. 오히려 하고 싶은 공부를 할 수 있는 내가 행복한 사람이라고 느껴졌다.

환경이 어려울수록 의지는 강해지는 것 같다. 그다지 안락하지도 않은 방이라 밤새 24시간 도서관에서 먹고 자며 공부하기도 했고 주말에 나가서 공부하기 귀찮을 때는 침대에서 이불을 뒤집어쓰고 공부하고 졸리면 자고 또 공부하고 졸리면 자고 이렇게 밤낮 없이 이틀간 공부하기도 했다. 아주 가끔 어쩌다 한 번씩 내가 왜 이러고 있나 하는 생각이 들 때가 있었는데 지금까지 한 것이 아까워서 절대 포기할 수 없다는 생각뿐이었다.

꼭 이루고 싶은 목표를 가지면 안락한 삶보다는 스스로를 조금 불편하게 만드는 것이 나중에 웃을 수 있는 길이라는 것을 배울 수 있었다.

해마다 겨울이 되면 그날들이 생각난다. 무엇을 이루기에는 3개월은 결코 적지 않은 시간이었다는 것과 함께 밥이 얼 정도로 추웠던 그 시절, 마음만은 뜨거웠던 내 모습이 그립기 때문이다. 그러곤 스스로에게 물어본다. 그때의 열정이 1g이라도 남아있냐고, 힘들어도 목표가 있었던 그때가 더 즐겁지 않았냐고 말이다. 선뜻 대답할 수 없다면 나에겐 지금 분명 뭔가 문제가 있다.

3개월, 인생에서 극히 그 짧은 시간은 나에게 있어 사람은 결과보다 과정에 더 큰 의미를 부여하고 행복을 느낀다는 것을 알게 해준 경험이었다.

300만 원으로 3개월간
한국에서 어학연수 하다

대학교 2학년이 되었을 때 문득 지금까지의 내 대학 1년이 얼마나 열정적이었나를 돌아보게 되었다. 그래도 고3땐 영어 공부한다고 힘은 들었지만 내가 하고 싶은 것을 하며 스스로 발전하고 있다는 느낌으로 충만했다. 요즘은 수업 5분 전에 일어나서 모자를 눌러쓰고 겨우 학교에 가기 바쁘고 동아리 활동이다, 환영회다, 매일매일 놀기만 하였다. 처음에는 조금 죄책감이 들기도 했지만 그 느낌이 점점 무뎌지더니 이젠 '뭐 이러다 남들처럼 군대 가면 되겠지'라는 생각으로 1년을 알차게 보내지 못했다. 물론 대학에 들어가면 반드시 일본어를 정복하겠다는 굳은 목표를 생각하며 일본어 인터넷 강의도 들어보고 했지만 역시 외국어는 강한 의지를 가지고 스스로 공부할 환경을 만들어 가지 않으면 안 된다는 것을 깨달았을 뿐이었다.

그렇게 아까운 1년이 지나가는 것을 보고 군대를 잠깐 미루고 그렇게 하고 싶었던 일본어 공부를 시작할 계획을 세웠다. 9월에 고시원에 들어가 12월에 있을 일본어 능력시험 2급을 합격한 후 복학해 일본 교환학생시험을 보는 것이다. 바로 다음날 경희대 회기역 앞에 작은 고시원 방을 구하게 되었다. 입지 조건에서 가장 중요했던 것은 첫 번째가 학원까지 교통이 좋을 것, 두 번째가 방값이 쌀 것, 세 번째가 주위 대학 도서관 이용이 가능할 것 등등의 이유를 들어 그곳으로 선택했고 단출한 짐을 풀고 곧장 종각의 일본어 학원에 등록해 공부를 시작하게 되었다.

국내에서도 환경만 잘 만든다면 충분히 해외 어학연수를 하는 효과 그 이상을 볼 수 있다. 물론 선진국에서 언어 공부 외에 보고 듣고 느끼고 원어민 친구를 사귀고 하는 것들은 포기해야 하지만 경험상 언어 습득만 봤을 때 우리나라에서 어학연수를 하는 것이 시간적으로도 효과적이고 가격 또한 저렴하다.

3개월간 서울에서 학원에 다니며 들었던 총비용은 학원비 100만 원, 방값 105만 원, 식비 및 교통비로 100만 원, 총 약 300만 원을 소요하였다. 그 비용은 일본 어학원 한 학기(3달) 등록금 수준에 불과하며 수속비, 생활비와 비행기 삯, 주거비까지 더한다면 대학생이 단기간 알바해서 갈 수 있을 만한 금액이 아니다. 300만 원은 물론 큰돈이긴 하지만 부모님께 부담을 드리지 않고서도 열심히 학업과 아르바이트를 병행하면 충분히 혼자 벌 수 있는 금액이며 세상에서 투자비용 대비 가장 효과가 높다고 생각한다.

돈과 시간을 아끼고 어학 실력 또한 현지에서 공부하는 것보다 더 발전시킬 수 있다.

중요한 것은 위에서도 열거하였듯 환경을 만드는 것이 먼저다. 꼭 공부해야 하는 내적 동기뿐만 아니라 시작하기 전에 주위 환경을 잘 정리해 놓아야한다.

내가 했던 첫 번째 방법은 떠벌리기다. 주위에게 일단 내 계획을 말하고 다니면 포기하고 싶어도 민망해서 목표를 이루기전까지 돌아갈 수 없다.

두 번째는 핸드폰을 최소한의 연락만 하는데 쓰는 스스로의 훈련이었다. 그때는 다행히 스마트 폰이 대중화되기 전이라 힘들지 않았는데 하루에도 몇 시간씩 들여다보는 스마트 폰으로부터 자유로워져야한다.

그리고 세 번째는 살만한 방과 학원을 직접 가서 알아보고 피 같은 돈을 현금으로 직접 내는 것이다. 현금 결제가 주는 묵직한 부담감이 있다. 그 이후로 나는 어디 등록하거나 배울 때 꼭 현금으로 내는 습관을 들이도록 하였다. 그리고 친구들에게도 나 죽었다고 생각하고 3개월간 찾지 말라고 당부했다. 사람들은 인맥 관리다 뭐다 하지만 과연 그 사람이 나를 인맥으로 생각할까? 일방적으로 기댄다면 이건 민폐 아닌가? 스스로를 먼저 세우는 시간이 필요한 시점이었다.

사실 그 생활에서 가장 힘들었던 것은 바로 외로움이었다. 첫 달은 정말 내가 왜 사서 이런 고생을 하나 싶을 정도로 지금의 나를 있게 하였던 선택들에 대해 원망도 했지만 그래도 내가 하고 싶은 것을 하고 사는 것이 얼마나 행복한 것인지 그리고 지금 이 시간들이 소중하게 느껴질 그때를 기다리며 참고 또 참았다. 대신 학원에서 친구를 사귀어 주말에는 도서관에서 같이 공부도 하고 그렇게 외로움을 달랬다. 외국 어학연수가 주는 환경은 물론 혼자 처리해야할 것들이 낯설고 새롭지만 지금까지 TV나 사진으로만 봤던 곳이 주는 기분 좋은 긴장감과 여러 나라의 학생들을 사귀며 놀러 다니는 즐거움에 첫 달은 외로움을 느낄 겨를이 적었던 것 같다. 하지만 이 좁은 공간에서는 온통 익숙한 것들뿐인데 거기에서 의도적으로 밀쳐내고 멀어져야하니 더 힘든 것이다.

하지만 그래봤자 3개월이다. 지나고 나면 쏜살같았다고 느낄 정도로 인생에 있어서 짧지만 의미 있는 시간을 보냈다고 자부할 수 있을 것이다. 딱 3개월만 스스로를 위해 쓰자.

사실 방학만 잘 활용해도 여러 언어를 충분히 해 나갈 수 있다. 만약 내가 대학생으로 돌아간다면 방학을 정말 잘 활용하고 싶다. 물론 외국어 공부만 하고 어떻게 사냐고 싶지만 일단 이 책에서 제시한 방법을 몸에 익히고 습관을 들여 방학을 잘 활용하여 몇 달만 몰입하면 수준에 이를 수 있다.

지금까지 해왔던 많은 일들이 그렇듯 결국 하지 않을 뿐이지 못하는 것이 아니다.

수백 시간의 일본 애니메이션
감상이 도움이 되었을까?

일본어 학원에서 첫 달 왕초보 문법반을 끝내고 두 번째 달에 드디어
독해 수업을 듣게 되었다. 독해 수업이긴 했지만 선생님이 수업을 더 재밌
게 하려고 수업 종료 15분 전에 작문 시간을 가지곤 했다. 먼저 선생님이
한국어로 문장을 말하면 그걸 일본어로 작문해 대답하는 방식이었다. 대
부분 나보다 더 많이 공부한 학생들이었지만 내가 곧잘 대답하자 상대적
박탈감을 느꼈던 한 누나가 왜 쟤는 공부한 기간에 비해 대답을 잘하냐고
묻자 선생님이 대수롭지 않다는 듯이 "분명 일본 애니메이션을 많이 봤을
거예요. 그렇죠?"라고 말하셨다. 그때는 웃어 넘겼는데 생각해보면 일본
어를 본격적으로 시작한지 한 달 남짓 되었을 때라 그 기간에 얼마나 열
심히 했든 실력이 그렇게 드라마틱하게 늘지는 않았을 것이다. 선생님의
그 이야기를 듣기 전에는 내가 남들에 비해 일본어에 감각이 있다고 생각
했는데 그게 알고보니 어릴 때부터 수많은 일본 만화를 섭렵하며 나도 모
르게 쌓인 내공이었던 것이다. 한국어 자막을 띄워놓고 보았다고 하더라
도 수백 시간, 아니 그 이상의 시간을 투자하며 몰입해 보아왔기 때문에

자연스레 감각이 생길 수밖에 없었다. 중고교 시절, 반에 일본 애니메이션이 유행해 서로 많이 주고받다보니 꾸준히 많이 보게 되었다.

지금까지 들었던 많은 질문 중에 하나가 자기가 일본 애니는 많이 봤는데 일본어 공부하면 빨리 늘겠냐고 묻는 경우가 있다. 물론 개인차가 있겠지만 나 같은 경우에는 정말 확실히 도움이 되었다. 그 외국어에 노출되는 시간이 많았기 때문에 듣기를 할 때 훨씬 편했고 작문이나 회화할 때도 도움이 많이 되었다. 신기한건 다음번에 무슨 대사가 나올지 예측할 수 있는 능력이 생겼다는 것이다. 이것은 일본어만의 사고 체계가 익숙해지지 않으면 힘든 것이다.

사실 그래서 영어가 어렵다. 문화 자체가 다르기 때문에 얘가 다음에 뭐라고 할지 예측이 되지 않는다. 하지만 일본어는 조금만 감을 잡으면 예측 범위에서 크게 벗어나지 않는다. 특히 나는 좋아하는 영화나 만화가 있으면 수십 번 돌려 볼 정도로 빠져들어서 대사를 외우고 다녔다. 사실 아이들에게 해외에 나가지 않고 할 수 있는 최고의 외국어 공부는 자막 없이 원어 그대로의 비디오를 틀어주는 것이다. 어른들이 자막이 필요한 이유는 내용을 모르면 재미없기 때문이다. 하지만 아이들은 굳이 한국어 자막이 없어도 그 표정, 몸짓, 이야기의 흐름에 따라 계속 반복해서 보면 신기하게 내용을 이해할 수 있어 외국어를 학습의 대상이 아니라 새로운 노래처럼 자연스레 받아들이게 된다는 것이다.

사실 처음부터 자막 없이 영화나 드라마를 보는 것은 어른들에게는 효과적이지 않은 학습법이다. 일단 그렇게 내용도 모르면서 화면만 보고 있기에는 너무 지겹고 이렇게 한두 번 본 것을 수십 번 돌려보는 것은 거의 고문 수준이다. 그리고 한 문장을 들어도 주어, 동사의 형식을 따져 자연스럽게 받아들이지 못하고 공부의 대상이 되어 버린다. 그렇게 많이 봤는데 계속 못 알아들으면 정말 스트레스. 그러면 차라리 자막을 띄워서 마음 편히 보자. 안 하는 것보다는 훨씬 나으니 말이다. 일본어 또한 알게 모르게 이렇게 학습되었고 그 리듬과 억양 그리고 대사가 머릿속에 입력되어 이미 하나의 방이 만들어져있다. 생소한 언어가 절대 아니다. 마음만 먹으면 그 시간을 자양분으로 삼아 실력을 빠르게 향상시킬 수 있는 유리한 위치에 있다. 지금까지 애니메이션 보느라 투자한 그 많은 시간이 아깝게 느껴진다면, 그리고 원어가 주는 감성을 느껴보고 싶다면 일본어를 지금 시작해보자!

일본에서 가장 많은 관객을 동원했고 우리나라에서도 큰 인기를 끌었던 '센과 치히로의 행방불명'의 일본 원제는 '센토치히로노 카미카쿠시(千と千尋の神隠し)'이다. '카미'는 신이라는 뜻이고 '카쿠시'는 '감추다, 숨기다'라는 뜻으로 제목을 직역하자면 '신이 숨긴 센과 치히로'라는 의미가 된다. 행방불명이라는 말은 한자어로 일본어로도 '유쿠에후메이(行方不明)'라는 딱 맞는 표현이 있지만 그 단어보다 일본의 원제목이 주는 느낌이 훨씬 더 몽환적인 영화 분위기에도 잘 맞으며 어떤 신비한 이야기가 펼쳐질지 기대하게 만들어준다. 하지만 우리나라에 번역된 제목에는 그다지 원작 그대로의 느낌이 들지 않는다.

번역이란 기본적으로 개인의 주관이 첨가된 것이기 때문에 아무리 잘 번역했던지 간에 원작의 작가의 의도 그대로의 맛보다는 아무래도 떨어질 수밖에 없을 것이다. 그 나라에서 만들어진 창작물은 그 나라 외국어로 받아들일 때 가장 잘 이해하고 감상할 수 있다. 그리고 자막을 쫓기는 시간을 줄일 수 있다면 스크린 안에서 더 많은 것을 보고 느낄 수 있을 것이다.

교환학생
도전기

    일본어시험이 끝난 후 영어 캠프에서 TA로 한 달간 일을 했고 그 돈으로 일본 여행을 다녀왔다. 그리고 교환학생시험 준비를 시작했다. 면접 준비라고 뭐 특별한 것이 있었던 것은 아니다. 이번에는 학원에 등록하진 않았고 혼자 일본 NHK TV를 보거나 회화 연습을 했다. 3개월간 평일엔 하루 자는 시간 빼고 늘 학원에 있었고 가끔 주말도 나갈 때도 있었으니 혼자서 해보자라는 생각이 들었나보다. 그렇게 준비하던 중 모집 1학기 모집공고가 떴는데 학교는 3개에 겨우 9명을 모집했다. 원래 1학기 모집 인원이 적은 것은 알고 있었지만 그래도 너무 적었다.

    만약 이번에 떨어지면 군대를 간다고 굳은 결심 했는데 벌써 병무청 호돌이가 손짓하는 것이 보였다. 교환학생시험 날, 학교에 가서 긴장되는 마음으로 지원자들을 세어보았는데 총 23명쯤 되었고 재미있는 건 나빼고 다 여학생들이었다. 대부분 일본어과나 일본 관련 학과 전공자들로 대학원생도 더러 있었다. 먼저 필기시험을 쳤는데 웬 일? 문제 난이도는 그렇게 어렵지 않았는데 마지막 문제에 우리 학교 이름인 '경희대학교'를 한자로 쓰라는 문항이 있었다. 기억을 더듬어 맞게 쓰긴 했는데 의외로 많은 지원자들이 못썼다고 한다. 그리고 바로 이어 면접을 시작했고 교수님의 질문으로 "국제학 전공자라면 영어권 교환학생이 나을 거 같은데 왜 일본으로 오려고 하는지", "왜 일본어에 흥미를 갖게 되었는지", "일본에서 학업 외에 무엇을 하고 싶은지" 등 묻는 수준은 평범했다. 일본인 교수의 질문 후 한국인 선생님이 이어 한국어로 여러 가지를 물었다. 같이 면접에 들어간 화려한 화장과 머리를 한 누나가 "일본에서 다양한 아르바이트도 해보고 돈도 모아서…"라는 말을 함과 동시에 한국인 선생님이 어이가 없다는 듯 학생이 공부가 가장 우선이지 알바가 목적이냐면서 말씀하시기에 옆자리에 있던 나도 당황했다. 그렇게 그 누나는 아쉽게 다음 기회를 노릴 수밖에 없었다. 세상에 많은 면접관들이 있고 그 수만큼의 좋은 답변이 있다. 좋은 지원자의 기준은 제각기 다르지만 면접의 공통분모는 지나치게 솔직하면 좋지 못한 것 같다. 특히 대학 면접에 있어 가장 좋은 이미지 메이킹은 학생답게 내가 좋아하는 분야를 공부할 의지가 있다는 것을 어필 할 수 있는 것이 가장 좋다고 본다.

교환학생 선발시험 후 2주 후 합격 통보를 받게 되었고 내년엔 일본의 시즈오카현의 미시마라는 작은 도시에 위치한 니혼대학교에서 생활을 하게 되었다. 그리고 아주 운이 좋아 '일본 문부성 장학생'에 뽑혀 1년간 매달 장학금을 받게 되었다. 일본에 가기 전, 어머니가 먼 길 간다고 200만 원이나 챙겨주셨고 도착하니 마중 나오신 학교 관계자 분이 이번 달 정착금과 장학금으로 23만 엔 당시 환율로 230만 원을 주셨다. 그렇게 학교에 들러 수속을 밟고 집에 도착해 들고 온 돈을 다 침대에 뿌려놓았다. 생전 처음 만져보는 큰돈을 풀어보니 너무 기분이 좋아 이걸로 뭘 할

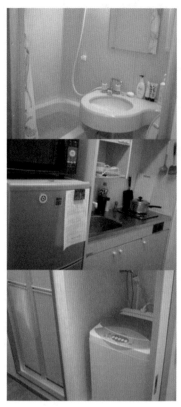

〈생활환경이 좋았던 일본 숙소〉

까라는 행복한 고민에 빠지게 되었다. 그렇게 다달이 100만 원 정도의 금액이 통장으로 들어왔고 집세도 학교에서 지원해준 덕분에 한 달에 25만 원을 내면 되었다. 욕조에 전자레인지, 세탁기, 청소기, 인터넷 선에 심지어 숟가락 젓가락 이불 등등 몸만 가면 될 정도로 풀 옵션 원룸에서 지내게 되었다. 지금까지 혼자 많이 살아봤지만 가장 시설이 좋았던 곳이다. 문만 열면 후지산이 보일 정도로 풍경도 훌륭했다. 주위에 좋은 온천도 많아 학기가 시작하려면 3주 정도 시간이 있어 부족한 일본어도 학교 도서관에서 아주 잠깐 공부하고 군 입대 앞둔 절친도 불러 함께 여행을 다니며 신나게 3주간 놀기만 하니 어느덧 개강을 했고 설렘을 안고 첫 등교를 하였다.

일본 교환학생
생활

 일본 국제관계 캠퍼스가 위치한 시즈오카 미시마시는 지리적으로는 도쿄와 가까워 마음만 먹으면 신칸센으로 30분이면 갈 수 있었지만 여기에서도 즐기고 놀 거리와 맛집이 많았기 때문에 무척 만족스러웠다. 그리고 교통비도 비싸 차라리 그 돈으로 맛난 음식을 사먹는 편이 낫다고 생각해 먹는 것은 늘 초밥, 규동집, 라멘집 등등 현지인의 소개로 맛집을 자주 방문했다. 일본에는 특이하게 전국 주요 도로 근처에 맛있고 가격도 싼 음식점들이 많이 모여 있다. 자전거 타고 20분 넘게 달려 가야하는 수고에도 찾아가서 맛보고 오는 재미가 쏠쏠했다. 하루하루 일본 음식 맛보는 즐거움이 가장 컸다.

 도심에서 약간 떨어져 있는 대학의 좋은 점은 대다수의 학생들이 고향을 떠나 와서 대학가 주변에 방을 잡고 혼자 사는 경우가 많으며 대도시에 위치해 있는 대학교와는 달리 그다지 보고 즐길 거리가 그다지 없어 친구 사귀가 좋은 것 같다. 서로 심심하니 자주 모이게 되고 한번 모이면 항상 밤새 놀곤 했다. 그래서 혹시 어학연수를 간다거나 교환학생을 간다면 나는 대도시보다는 도시와 가까운 시골 학교도 나쁘지 않은 것 같다. 도시에서는 학생들이 대개 대외적으로 하는 것이 많아 일단 바쁘고 해외에서 온 학생들도 넘쳐나 별로 호기심을 갖지도 않는다. 그리고 비싼 방값, 알바 등 이것저것 신경 쓸 일이 많다보니 친구 사귈 마음의 여유도 적다. 하지만 내가 다닌 대학은 일본 사람답지 않게 학교에서나 음식점에서나 한국인이라면 먼저 친구하자며 다가왔고 집으로 초대해서 같이 밥을 먹기도 할 정도로 친절하게 대해줬다. 내가 활동했던 배구 동아리에서도 최초의 외국인 신입부원이라며 파티를 열어줬다. 사실 별반 다를 것 없는 밥 먹고 1차, 2차, 갔다가 마지막 노래방에서 새벽 늦게까지 노는 코스는 우리야 비슷했지만 밤새 놀아도 다음날 수업은 빠지지 않는 성실함을 인정해줄만 했다. 하지만 유학생 여자친구를 사귄 후부터는 점점 둘만의 시간이 많아지고 동아리도 잘 안 나가고 학교도 가끔 나가지 않아 첫 학기는 9학점, 두 번째 학기는 12학점으로 1년 동안 이수한 학점이 20학점 정도였다(한국에서는 1년에 보통 36학점 취득하고 일본은 30학점을 보통 취득한다). 친구들과 같이 스키장에 가고 온천에 가고 밤새 놀았던 시간은 무척 즐거웠지만 외국 대학에서 외국 친구들과 공부하고 놀 수 있는 기회가 앞으로도 별로 없어 아쉬움이 남는다. 지금 다시 돌아간다면 공부와 병행해서 연애도 동아리 활동도 열심히 했을 것 같다.

일본에서 보낸 1년은 내 대학 생활에 있어서 가장 잊을 수 없는 한 해였다. 처음으로 타국에서 그렇게 오래 살아봤고 새로운 가치관의 친구들도 많이 사귈 수 있었다. 한국에 다시 돌아와 복학을 하고 졸업을 하고 입대를 했고 미뤄뒀던 일본어 1급 자격증도 한 달간의 공부 끝에 어렵지 않게 취득할 수 있었다. 가끔 일본어가 그리울 때는 드라마를 보면서 감을 잃지 않으려 노력했다.

〈꼭 가보고 싶었던 일본 금각사〉

〈일본어 1급 성적표〉

내가 느낀
일본 대학

    교환학생을 강력 추천하는 이유로 현지 학생들과 같은 공간에서 같은 것을 배울 수 있는 것에 있다. 어학연수를 가면 어학원에서, 대학 기관과 연계된 어학연수도 캠퍼스 안에 없는 경우가 많아 외국인들끼리 모아놓고 공부하는 것이고(사실 절반이 한국인)현지 친구를 사귈 기회가 적다. 그리고 한국 젊은이들이 많이 떠나는 워킹 홀리데이도 그 나라에 있지만 정작 의외로 많은 노력을 기울여야 친구를 사귈 수 있다. 하지만 교환학생은 본과생과 동등하게 대우를 받아 학교 동아리도 가입도 자유롭고 수업 때 조별 과제도 함께 한다. 또한 유학생 커뮤니티도 잘 돼있어 짧게는 반 년 길게는 1년 왔다가는 어학연수생들과 비교하면 정보력과 사귀는 깊이가 다르다. 그리고 이것 또한 국제적인 학교 대 학교의 교류행사이기 때문에 양쪽에서 신경을 써준다. 자비로 어학연수를 온 친구들이 불의의 사고나 문제가 발생했을 경우 스스로 대처해야 한다는 불안감이 있지만 교환학생의 경우는 불안감이 훨씬 덜 하다. 별거 아닌 것 같지만 의지할 곳 없는 해외에서는 누가 나를 신경써주고 있다는 그 존재 자체만으로도 큰 힘이 된다.

사실 한국인보다 현지인과 많이 어울려야 언어도 늘고 해외에서의 진짜 체험을 할 수 있지만 해외 생활하면서 유학생과 어울리는 것은 피할 수 없다. 그 한국 친구들이 가진 유용한 정보와 세심한 도움이 초기 정착 때 큰 도움이 되고 해외에서 느끼는 막연한 불안감을 해소할 수 있기 때문이다. 나도 초기에 그렇게 한국 유학생들과 많이 어울렸는데 우연히 배구 동아리를 가입하게 되었고 그 이후 일본 친구들과의 교류가 훨씬 더 많아졌다. 일주일에 두 번 모여 체육관에서 배구를 하고 끝나면 곧장 뒤풀이로 이어져 해가 뜰 때까지 놀았다. 그렇게 종종 학교 수업도 못 간 적이 있지만 이렇게 현지 동아리에서 친구들을 사귀며 밤새 노는 경우가 유학생 사이에서도 드문 일이기에 위안을 삼았다.

일본의 대학은 한국 대학에 비해 스펙 쌓기에 치열하지 않고 대학가 주변에 그 흔한 외국어 학원도 없어 뭔가 보통 한국 대학생들이 지향하고 있는 공통적인 목표를 향한다는 느낌도 없고 미래에 대한 걱정이 적은 분위기였다. 취직이 힘들지 않냐고 물어보니 "일본 경제 하루 이틀 안 좋은 것도 아닌데 뭐 그래도 회사는 많으니 어떻게든 일은 하겠지"라는 대답을 해왔다. 하긴 지금 우리 나이 대 친구들은 일본 경제의 호황기를 겪어 본적이 없기 때문에 으레 그러려니 하고 받아들이는 것 같다. 특히 징병제를 채택하고 있지 않은 국가다보니 남학생들도 스트레스 받지 않고 학교를 휴학 없이 스트레이트로 졸업할 수 있어 우리처럼 주위를 어렵게 하는 지나치게 높은 학번도 없고 재수, 삼수생도 드물어 나이대가 다들 비슷했다. 내가 다녔던 한국 학교는 1학년 때부터 학점 관리, 대외 활동, 공모전, 외국어 등 스펙 쌓기 등 여러 가지에 몰두해 해가 갈수록 학생들이 몹시 바빠진다. 이 모든 스펙들의 나열이 마치 토익 점수처럼 분명한 점수처럼 매겨지고 '그래도 내가 옆에 애보다는 낫지'라는 안도감으로 4년을 보내긴 하지만 굳이 따지자면 내가 공부했던 일본 대학처럼 그런 뭔가 목표가 없는 분위기보다는 한국 대학의 열정이 더 낫다고 생각한다. 한국 대학의 치열함 덕분에 내가 일본에 갈 결심을 할 수 있었기 때문이다.

〈니혼대학교 전경, 멀리보이는 후지산과 조용한 미시마 마을〉

일본어는
한물갔다고?

일본어 공부를 결심했다고 하면 주위에서 분명 '일본어는 무슨! 지금 때가 어느 땐데 차라리 중국어나 해' 혹은 '너 영어 잘하냐? 영어나 먼저 하고 해라'라는 반응이 많을 것이다. 많은 사람들이 일본어는 한물갔다고들 하는데 나는 절대 동의하지 않는다. 일본은 여전히 경제 대국이며 지리상으로 가장 가까우며 미국, 독일, 중국처럼 첨단 기술력을 보유하였고 인구 1억이 넘는 몇 안 되는 나라다. 그런 나라의 외국어가 한물갔다면 배울 가치가 있는 언어는 이 세상에 영어와 중국어뿐이란 말인가? 이것 또한 한국 사람들만의 줄 세우기를 통한 협소한 가치판단이 아닐까 생각한다. 사실 우리 사회에서 중국어, 중국어 떠들지만 취업 준비를 하며 느끼는 것은 아직 취업 시장에서 일본어의 쓰임이 더 많다는 것이다. 물론 양으로 본다면 중국어가 더 많을 수 있겠지만 우리나라에 진출한 외국계 기업에서도 일본이 더 업무 여건이 좋은 기업이 많으며 연봉도 그만큼 보장된다. 중국 기업은 우리나라에서 채용하는 경우가 드물고 연봉 및 복지 여건도 아직은 일본에 비할 정도는 아니다. 따라서 지금 일본어의 수요도 결코 중국어에 뒤쳐지진 않는다.

자유롭게 선택하자.

일본어가 하고 싶지만 '영어가 더 필요할 것 같아서' 혹은 '사람들이 중국어가 더 좋다고 해서'라는 이유로 미루고 있다면 다시 생각해보기 바란다.

하고 싶은 공부를 포기한다고 하더라도 영어에 과연 그 관심과 노력을 온전히 기울인다는 보장이 어디 있으며 중국어를 한다고 끝까지 포기하지 않고 할 수 있는 동기부여는 어디에서 찾을 수 있나? 그건 아무도 모른다. 또한 한 가지 꿀팁은 혹시 일본어, 중국어 둘 다 생각하고 있는 경우 일본어를 먼저 하는 것이 절대적으로 낫다. 일본어 공부를 먼저 시작해 어느 정도 만족할 만한 수준이 되었다고 생각하면 중국어로 넘어가면 된다. 영어와 중국어는 공부하면 할수록 정말 끝이 안 보이는 것 같고 더 높은 수준을 욕심내게 되는데 일본어는 대부분 경어(높임말)정도 입문하면(일본인들도 경어는 어려워한다)그 정도로 이미 훌륭하다. 하고 싶은 말은 다 할 수 있다. 하루 10시간 동안 열심히 하면 3개월 안에도 할 수 있다. 전부 투자하지 못한다면 일본어능력시험을 기준으로 잡으면 된다. 열심히 공부한다는 전제로 2급은 대략 하루 3~4시간 공부 할 때 넉넉히 6개월, 1급은 대략 1년 정도 걸린다. 그리고 익숙하지 않은 한자도 일본어를 통해 먼저 숙달할 수 있고 중국어를 배울 때 큰 도움이 된다. 물론 일본어를 시작하기 전에 한자능력시험 3급 정도를 따고 시작하면 좋은 것은 확실하나 그렇게 필요한 사항은 아니다. 오히려 나중에 훨씬 쉽게 딸 수 있기 때문이다. 일본어를 공부한 후 한자 3급을 따는데 진흥원 시험 기준으로 하루 1시간씩 2주 한자 2급 따는데 2시간씩 2주 걸렸다. 시험 예상 문제만 한 권 풀면 일본어 1,2급 정도의 실력으로 충분히 2급 혹은 3급을 딸 수 있다.

결론은 위에서 이야기 하였듯 '하고 싶은 외국어를 하자!'이다. 그 시간에 차라리 영어를, 중국어를 하는 게 어떨까라고 생각해도 특별한 관심과 동기부여가 없다면 절대 끝까지 할 수 없다. 남들이 하는 말에 일희일비하지 말자. 내 공부 대신해 줄 것도 아니니 말이다.

단시간 일본어 회화
실력 향상의 비결

중국어는 그 나라로 어학연수를 떠났기 때문에 거기서 말하는 기회가 많아 별개로 치고 영어도 아주 가끔씩 회화도 하고 면접도 준비했기 때문에 회화 실력이 늘었다고 해도 일본어는 도서관에 앉아서 공부한 것이 전부인데 어떻게 원하는 자격증과 회화 실력까지 손에 넣을 수 있었을까? 일본어능력시험이 끝난 후 수강한 고급 원어민 회화에서도 충분히 수업을 따라갈 만했고 하고 싶은 말이 있으면 자신 있게 손들고 이야기도 할 정도로 큰 불편함이 없었다. 물론 문법이나 단어 등 실수가 있기도 했지만 모두 공부한 기간치고 많이 잘하는 것이라며 칭찬들을 해주셨다. 내 외국어 학습법인 리듬공부법은 앞서 영어 편에서 설명해두어 겹치는 부분도 있겠지만 외국어 학습법을 다시 한 번 상기하는 좋은 기회가 될 수 있을 것이라 생각한다. 일본어 공부할 때 학원 수업 외에 주로 듣기를 열심히 했다. 왜냐하면 듣기 관련 수업도 적을 뿐은 이유도 있지만 가장 손쉽게 시험 성적과 회화 실력을 향상시킬 수 있는 방법이기 때문이다. 사실 많은 사람들이 외국어를 공부할 때 귀찮고 번거롭기도 하고, 괜히 어려운거 들었다가 절망하기 싫어서 듣기를 자주하지 않는다. 지금 보는 문법책을 좀 더 보고, 단어집을 좀 더 보고 이렇게 차일피일 미루지만 사실 듣기만큼 노력 대비 효과가 확실한 것도 없다. 구체적인 듣기 학습법은 영어 부분에서 잘 설명해두었기 때문에 그 학습법을 일본어에 어떻게 적용시켰나를 소개하고 싶다. 나는 외국어를 정말 유창하게 '말'하고 싶다. 그 기본이 바로 듣기라고 생각했다. 영어 공부할 때도 느낀 바지만 외국어가 입에서 잘 나오기 위해서 듣기에 집중해야한다. 듣기 공부란 둑에 물을 붓는 것이라 생각한다. 하지만 그 둑 바닥에는 작은 구멍이 있어 계속 부어줘야 한다. 듣기는 초급 수준에서 몇 주만 쉬면 쉽게 실력이 떨어지지만 고급 수준으로 가면 몇 주, 몇 달 안 한다고 해서 실력이 쉽게 떨어지지 않는다. 듣다보면 단어를 몰라도 유추할 수 있는 능력이 생기기 때문이다. 그리고 일본어는 이 유추 능력을 무척 단시간에 키울 수 있다. 난 샤워할 때 빼놓고 일본어를 집에서도 틀어놓다시피 하였다. TV를 볼 때도 밥을 먹을 때도, 잘 때도 틀어뒀었지만 잠을 이루기 쉽지 않아 이건 가끔 아주 피곤할 때만 해봤다. 그리고 아주 중요한 것은 아침 기상 1~2시간 전에 틀어두는 것이다. 아주 쉬운 방법이지만 효과는 좋다! 몸은 자고 있지만 뇌는 깨어있는 무의식의 세계에서 나도 모르는 사이에 학습되고 있고 외국어로 자주 꿈을 꾸게 되었다. 내가 테이프의 성우가 되어 두 사람 분의 이야기를 혼자 다하고 발음과 억양도 최대한 비슷하게 따라해 보았다. 그러다 에코잉이 되면 이제 다른 테이프로 넘어가곤 했다. 초급 때는 2주, 3주 동안 테이프 하나를 들어야 겨우 쉐도잉이 가능했지만(1초의 시간을 두고 성우의 대사를 따라하는 것) 두 달이 지나서는 겨우 일주일 만에 테이프 하나씩 뽀개곤 했다. 그렇게

7개 정도의 테이프를 내 것으로 만들고 나니 회화 학원을 다니지 않아도 그 이상의 성과를 얻었다. 지하철에서나 길을 걸을 때 켜놓고 그냥 따라하면 된다. 따로 시간을 내 집중해서 한다면 더 좋겠지만 난 그 시간은 그냥 부족한 문법과 독해, 어휘 부분에 더 투자했고 다행히 내 전략은 잘 맞아떨어졌다. 포인트는 내 생활에 배경이 되게 틀어놓았고 며칠간은 그냥 듣기만 하고 이제 좀 따라할 수 있겠다고 생각되면 쉐도잉을 해 본다. 며칠 해보고 그것도 괜찮게 된다면 그 성우의 억양과 발음을 최대한 신경 쓰면서 따라한다. 그 후에 에코잉까지 된다면 이제 그 듣기 교재는 졸업한 것이다.

외국어의 매력은 높낮이와 억양, 리듬이 있는 것이다. 서울 표준어로는 그것을 느끼기 힘들다. 그래서 나는 사투리가 좋다. 실제로 나보다 일본어를 오래 공부한 같은 학과 형은 일본어를 한국어처럼 이야기해 이게 외국언지 한국어 확장판인지 하고 생각할 때가 있다. 경상도 사투리가 일본어와 비슷해 상대적으로 음과 리듬을 캐치하기에는 수월했던 경향이 있다. 외국어는 먼저 듣기를 통해야 비로소 입으로 나올 수 있다. 자연스레 일본 사람처럼 일본어를 말하고 있는 자신을 보면 신기하고 재밌고 새로운 나를 발견하게 된 것 같은 기분이다. 여러분들도 어서 이 즐거움을 느껴보길 바란다.

그럼 주로 무엇을
들었나?

    일본어 공부할 때 들었던 것은 역시 시험을 준비하는 이상 그 시험 듣기 교재가 제일 좋다. 물론 그 정도 실력으로 가기 위해서 입문, 초급 수준의 듣기를 먼저 들어야 하는데 자기 수준보다 조금 높은 것이 좋다. 굳이 회화용이 아니더라도 난 교재에 딸려오는 듣기를 골랐다. 예를 들면 중급 점프라는 독해 수업을 들은 적이 있었는데 그 교재를 학원에서 한 번 보고 공부하고 듣기로도 다시 들으며 복습 겸 듣기, 말하기 공부도 할 수 있다. 막막하게 뭘 골라야 하지라고 생각이 든다면 지금 보고 있는 문법이나 독해 책에 수록된 듣기 파일이 좋다. 보고 있는 책이 없다면 반드시 듣기 파일이 있는 교재를 고르자. 보통 학원 수업이나 개인적으로 공부하려 사보는 책들은 자기 수준보다 높으며 눈으로 보고 귀로 정리할 수 있어서 좋다. 그렇게 2달 정도 입문 초급으로 실력을 다지다 일본어능력시험 대비 듣기를 들었는데 모의고사를 하나 풀고 집중해서 다시 듣기 시험에서 왜 틀리고 이건 왜 맞았는지를 확인한다. 그 후 이제 지하철에서나 방에서나 내 생활의 배경처럼 깔아놓기만 하면 된다. 덕분에 일본어시험에서도 나름 만족할 만한 듣기 점수를 획득할 수 있었다. 그리고 일본어 글은 재밌다. 글이 흥미로워서 독해 공부를 하거나 실제 시험을 보면서도 시간이 남을 때 다시 읽을 정도였다. 그러니 재미있는 이야기 듣는다고 생각하자.

요점

1. 자기수준보다 조금 높은 단계로 선택할 것
2. 학원이나 개인 학습 교재에서 딸려오는 듣기 파일을 적극 활용!
3. 일어나기 2시간 전 무조건 틀어놓고 다시 자라
4. 내 생활의 배경으로 스며들게 하라

이런 리듬학습법의 좋은 점 중 하나가 그 외국어를 쉰지 몇 달, 몇 년이 되어도 그 리듬만 생각해내면 다시 살아나는 느낌이다.

일본어를 공부한지 가장 오래됐지만 그래도 가장 충실하게 학습법을 따라했다. 그래서 가장 잘하는 외국어는 일본어가 되었고 앞으로도 일본어가 될 것이라 생각한다. 가장 적은 노력 대비 가장 큰 효과를 볼 수 있기 때문이다.

군대에서 공부하기
가장 좋은 일본어

　혹시 지금 군 복무 중이거나 입대 계획이 있고 이 기회를 살려 외국어 하나 하고 싶다면 무조건 일본어를 추천한다. 첫 번째 이유로 문법은 말할 것도 없이 유사하고 일본 식민 지배의 슬픈 역사로 인해 많은 부분에서 비슷한 단어를 사용하고 있다. 물론 모두 같지는 않지만 사실 한자에서 차용한 우리나라 단어들을 그냥 일본식으로 읽으면 된다. 어려운 단어도 한자어를 생각해 읽기만 하면 된다. 얼마나 편리한가? 영어는 따로 외우고 잊어먹고 또 외우고 해야 비로소 입으로 나오는데 말이다. 중국어는 일본어보다 우리나라 말들과 다른 경우가 많고 성조가 있기 때문에 따로 외우고 많이 말해보지 않으면 안 된다. 또한 일본어는 그리고 시중에 좋은 교재도 많으며 듣기 실력도 어린 시절부터 일본 애니메이션의 영향으로 자신도 모르게 탄탄히 다져졌을 것이다. 결론으로 독학하기 쉬운 언어라는 것! 일본어시험 또한 형식이 얼마나 간단한지 중국어 HSK처럼 문장을 써야하는 어려운 필기시험 없이 전부 객관식이며 응시료도 저렴하다. 군 복무 중 영어, 중국어, 유럽어를 고민하는 친구들이 많을 텐데 군대에서 공부하기 어떤 문제가 있는지 살펴보고 싶다.

중국어는 공부 초반 발음을 확실하게 다지는 부분이 가장 중요한데 내가 군에서 2번의 중국어 시도에서 실패한 이유가 바로 이 발음 때문이었다. 내 발음이 내가 생각해도 의심할 여지없이 산으로 가고 있는데 교정해 줄 사람은 아무도 없어 지금 내가 하고 있는 이게 맞는 건지 긴가민가했고 결국 그렇게 2번 모두 책을 덮었다. 문법도 영어에 비해서는 무척 단조로운 편이라고 하는데 이게 어딜 봐서 쉬운 건지 당시에는 알지 못했고 남들의 그 말들이 오히려 더 열등감이 느껴지고 역시 나는 재능이 없다는 좌절감에 빠지게 했다.

중국 어학연수 겨우 한 학기를 마치고 두 번째 학기에서는 한국 대학에서 온 중국어과 2,3학년들을 데리고 다니며 은행 계좌나 휴대폰 개설 등등을 통역해주고 안내 해줄 정도로 대학생들의 중국어 실력이 그다지 좋지 못했다. 어디까지나 내 생각이지만 이렇게 대학에서 몇 년, 몇 달 공부해도 신통치 않은데 모든 것이 제한된 군대 내에서 큰 실력향상을 바라기는 힘들 것 이라는 결론을 내렸다. 그러니 중국어 기초가 없는 상태라면 다른 외국어를 하던지 차라리 다른 공부를 하는 것이 나을 것이다.

영어도 물론 군내에서 의지만 있다면 잘 공부할 수 있다. 풍부한 콘텐츠와 주위에 잘하는 사람이 한 명은 꼭 있으니 물어보기도 편하지만 지금까지 봐온 사람들 대부분 단어만 외우다 포기하는 경우가 많았다. 어릴 때부터 늘 단어만 외우다 끝나는 경우가 많아서인지 영어는 특별히 뭔가 포기에 대한 탄성이 있는 것 같다. 차라리 일본어와 같은 새로운 것을 도전해 보는 걸 추천한다. 제대할 때까지 해낸다면 분명 스스로 뿌듯해하며 전역할 수 있을 것이다.

유럽어의 경우 시험 일단 시험 응시료가 일단 후덜덜하다. 가장 낮은 등급의 시험이라 할지라도 15만 원 이상으로 무척 비싸며(고급으로 올라갈수록 응시료가 올라간다) 국내에서는 괜찮은 교재를 찾기도 힘들다. 굳이 시험을 쳐야하나? 라고 반문 할 수 있지만 구체적인 목표와 기간을 설정해둬야 실패를 줄일 수 있다. 군대에서는 인터넷 접근성도 낮아 난해한 발음이나 문법에서 모르는 부분이 있으면 당장 물어볼 사람도 없다. 초반에는 무조건 인터넷 강의나 학원 수업을 병행하는 것이 좋은데 귀중한 휴가를 인터넷 강의에 올인 하겠다는 의지가 있지 않는 한 독학으로 어려울 것이라 생각된다. 하지만 어디까지나 판단은 여러분의 몫이다. 나 역시 군 시절 스페인어와 프랑스어 교재를 사놓고 공부했지만 이해도 전부 되지 않은 채 문법을 공부하며 답답함을 느꼈고 그 외에 현실적으로 어려움을 느껴 결국 책을 덮었던 부끄러운 기억이 있다. 그러니 이것저것 제외해보면 일본어가 답이다.

앞으로 계획 중인
외국어

　그 전까지는 우리나라에 인기 있는 외국어는 정해져있으니 사실 별 생각 없이 그 중에 간단하게 고르면 되었다. 하지만 그 외에 외국어를 공부할 때는 내가 스스로 선택하는 기로에 서게 된다.

　사용 인구가 가장 많은 스페인어를 할까? 하지만 스페인어를 하는 대부분의 나라는 경제수준이 그렇게 높지 않은데 과연 나에게 도움이 될까?

　역시 인구하면 인도가 엄청난데 힌디어는 어떨까?

　아랍어가 뜬다던데 우리나라에 많이 하는 사람도 없고 잘사는 나라들도 많고 취직도 잘된다던데 아랍어는 어떨까?

　차라리 이제 동남아로 눈을 돌려보자 인구 1억이 넘는 인도네시아어는 어떤가? 하나를 하면 말레이시아까지 커버가 되니 괜찮고 그리고 구사하는 사람도 적을 테고.

　프랑스어가 정말 매력 있는 거 같은데? 발음도 멋있고.

　러시아어는? 풍부한 자원과 많은 인구 그리고 과거 소련에서 분리해나간 중앙아시아의 많은 나라들도 공용어로 쓰고 있고 나라도 발전중이니 괜찮을 것 같은데.

독일어는? 차라리 소수언어인 핀란드어나 벵갈어나 스와힐리어 등등은 어떨까?

아 생각하기 너무 복잡하다. 이 언어를 선택하자니 다른 언어도 무척 매력적인 거 같고.

결국 마지막 결론은 이 많은 언어를 다 할 수 없으니 고심 끝에 7개의 외국어를 선정했다.

영어, 일본어, 중국어 그 후에 독일어, 스페인어, 러시아어, 아랍어로 일단 이렇게 정해 4년간 하나씩 마스터하는 것을 목표로 잡았다. 마지막 중국어 목표 기한이 2012년이었으니 독일어는 2016년까지, 스페인어는 2020년까지, 러시아어는 2024년까지, 아랍어는 2028년까지로 중급 이상의 어학자격증과 회화실력을 기한 안에 성취할 것이다.

사실 다음 외국어를 독일어로 목표한 것은 결심 당시에는 제대 후 무역 관련 회사에 취직할 생각이었다. 그래서 막연하게 독일어만 하면 전 세계의 기술력을 가진 네 개 나라의 언어(미국, 일본, 중국, 독일)를 할 수 있으니 도움이 많이 될 거라고 생각했다. 하지만 다양한 경험을 하며 내가 무엇을 좋아하며 무엇을 할 때 즐거움을 느끼는지 조금이나마 알게 되었고 취직은 미래 예상도에서 사라졌지만 독일어는 여전히 매력적인 언어라 지금도 계속 하고 있는 중이다.

일을 하며 외국어를 공부하기란 정말 힘든 일이다. 학생 때는 3개월이면 충분히 쌓을 수준이 1년이 걸려도 항상 출발선에 멈춰 서 있을 뿐이다.

그러니 직업을 갖기 전에 해두는 것이 충분히 좋다고 하면 너무 뻔한 말인가?

　뻔하긴 하지만 그걸 구호로만 들어왔던 사람과 사회에 나가 느껴본 사람의 차이는 비교할 수 없을 것이다. 대학 시절 나름 열심히 한다고 여러 가지 외국어도 공부했지만 부담감을 없애려 꽤나 긴(4년에 하나라는)기간을 설정해둬서인지 시행착오를 거치며 3년간은 비교적 여유롭게 지내다 기한이 끝나기 전 1년 만에 급한 불 끄듯 열심히 할 수 있었다.

남미에서 배우는
스페인어 학습 계획

　외국어는 공부하기 전 분명한 동기를 만들어 두는 것이 중요하다. 그래야 지속 가능한 노력으로 이어지기 때문이다. 얼마 전 KBS에서 4부작으로 방영했던 훔볼트 기행을 보며 남미라는 대륙에 대해 커다란 호기심이 생겼다. 훔볼트는 200년 전 독일의 탐험가였는데 전 재산을 투자해 남미를 탐험했고 그곳에서 자신만의 시각과 실험 정신으로 많은 업적을 남겼다. 그래서 그 이름을 딴 훔볼트 대학, 훔볼트 어학원 등등이 있다. 당시 유럽의 지성인들은 한 사람이 할 수 있는 일을 넘어섰다고 평가할 정도로 당시 유럽 세계에 큰 파장을 불러일으켰다.

　여행의 의미는 새로운 풍경을 보는 것에 있는 것이 아니라 새로운 시각을 가지는데 있다는 말이 있다. 어떤 나라를 여행을 할 때 그 나라의 언어를 알지 못하면 반쪽짜리 여행밖에 되지 않는다고 생각한다. 그래서 스페인에 가기 전에 끝마칠 스페인어 학습 계획은 이렇다. 2년 후 군대에서 만난 후임과 함께 자전거로 미국 횡단을 하기로 약속했다. 함께 미국 국경까지 간 후 그 친구는 다시 한국으로 돌아가고 나는 남미 대륙을 횡

단할 예정이다. 남미 과테말라라는 나라에 안티구아라는 중소 도시가 있는데 전 세계에서 스페인어 학습자가 몰리는 곳이다. 그 이유는 저렴하고 즐겁게 스페인어를 공부할 수 있기 때문이다. 다양한 학원과 홈스테이가 잘 돼있으며 날씨가 좋다. 값싸고 맛있는 커피가 많을뿐더러 남미를 본격적으로 탐험하기 전 들릴 수 있는 지리상 여건도 좋기 때문이다. 또한 세계 각국에서 온 친구들과 이야기하고 함께 놀 수 있으며 근교로 커피 농장 투어를 다녀올 수 있다. 안티구아에서는 보통 1:1 개인 과외를 받으며 공부하고 오전이나 오후 내내 공부할 수도 있지만 보통 오전, 오후를 선택해 한 번만 넣는다. 홈스테이 비용 또한 저렴한데 보통 어학원에서 연계해준다. 개인의 요구 사항 등을 적극 반영해 주기 때문에 먹고자는 문제도 어렵지 않게 해결할 수 있다. 물론 수업료 및 홈스테이 비용은 머무르는 기간에 따라 협의가 가능한데 길게 머물면 당연히 가격 협상 때 더 유리하다. 보통 과외비와 홈스테이 비용은 일주일에 각각 5만 원 ~ 8만 원이며 대략 7만 원으로 잡아도 한 달 과외비와 주거 비용까지 합 60만 원의 가격이며 용돈까지 더한다고 해도 서울에서 방을 잡고 공부하는 비용에 비해 훨씬 저렴하다.

〈과테말라의 보석같은 도시, 안티구아 전경〉

〈고풍스러운 건물과 정열적인 사람들〉

중국어

영어 일본어 중국어
딱! 2년만에 끝내기

중국어!
대세는 중국어

　막연히 20대를 가능한 한 후회가 남지 않는 일들로 채우고 싶었다. 그래서 서른이 되기 전 영어, 일본어, 중국어는 제대로 해 둬야지라는 생각은 늘 마음에 품고 있었다. 솔직히 배우고 싶은 외국어로 중국어를 선정한 것은 사실 뭘 해야 하는지 딱히 나만의 뚜렷한 기준이 없어 가장 인기 있는 외국어를 골랐다. 그리고 '말할 수 없는 비밀'이라는 중국 영화를 인상 깊게 봐서 '원어로 듣고 공감하고 싶다'라는 막연한 기대를 하게 되었다. 하지만 발음이 너무 난해해 독학으로 하기에는 한계가 있다고 깨닫게 되었고 집 앞에 있는 중국어 학원도 등록해 다녀봤지만 군 입대를 두어 달 앞두고 다녀서인지 동기부여도 없고 놀기에만 바빴다. 두 번째 달에는 술병으로 아침 수업 대부분을 결석을 했다. 입대를 해서도 시간이 날 때 중국어를 시작해봤지만 2주 공부하고 때려 치고 중국어 어학연수를 결심하게 되었다. 혼자해서 중국어 실력이 꽤나 늘었던 사람도 아주 간혹 있겠지만 개인적으로 이 외국어는 독학으로는 적합하지 않다고 생각한다.

인터넷 강의보다 꼭 학원이나 어학연수처럼 제대로 교육받은 교사에게 배우는 것이 좋다. 어학연수보다 일본어를 할 때처럼 효과를 톡톡히 보았던 서울에서 방 잡고 '학원-도서관-집'의 무한 루틴을 다시 행할 수 있었지만 결정적으로 중국 어학연수 비용이나 서울에서 공부하는 비용이나 별 반 차이가 없었고 고시원에서 공부할 때 품은 어학연수의 환상이 있어 다음에는 꼭 가서 배워 봐야지라는 다짐을 했다. 역시 자금이 문제였는데 전역 전 마지막 휴가에서 부모님을 설득했고 감사하게 도와주셨다. 그렇게 모아둔 돈과 부모님의 지원을 약간(?) 받아 제대 후 중국 북경으로 떠났고 꿈에 그리던 어학연수 생활을 시작할 수 있게 되었다.

중국
어학연수

1) 도통 늘지 않는 중국어

반 편성 시험 날 필기시험을 치르고 회화 테스트를 받게 되었다. 외국어 공부에서는 나름 감이 있다고 생각하지만 어학연수는 처음이다보니 주위 사람들의 이야기를 귀담아 듣게 되었는데 많은 사람들이 자기 실력보다 한 단계 높은 반에서 시작하라고 했다. 나의 실력은 입문반에서 발음부터 처음 시작해야 하지만 면접시험 감독관에게 무조건 자기 수준보다 윗반으로 보내달라고 우겼다. 지금까지 들어왔던 많은 외국어 수업은 우리나라 선생님에게 우리나라 말로 들었지만 중국어 수업에서는 중국어밖에 못하는 나이 지긋한 노선생님이 담임을 맡아 중국어로만 수업을 진행하는 것이었다. 반에서 내 수준이 가장 낮았기 때문에 무슨 말인지 도통 알아들을 수 없었다. 그렇게 2주 동안 반을 바꿔야 하나라고 고민을 하면서 꿔다놓은 보릿자루 같은 나날을 보냈다.

얼마나 보릿자루 같은 날을 보냈는지 이야기해 보자면 하루는 등굣길에 같은 반 한국인 친구가 나에게 "어제 선생님이 내준 과제가 뭐야? 너 한 거 보자"고 물어와 흠칫 놀라며 "우리 과제 있었어?"라고 물으니 그 친구가 어이없다는 듯 "무슨 소리야 우리 내일 시험이잖아?"라고 말하기에 그 말에 더 놀라 "우리 내일 시험 봐?"라고 물으니 더 어이없는 표정을 지으며 먼저 갔다.

이래선 안 되겠다고 생각해 mp3를 하나 구해서 선생님에게 양해를 구한 뒤 수업을 녹음해서 잘 모르는(사실 대부분)문장은 중국어를 잘하는 한국 친구에게 들려주고 무슨 말인지 물어봤다. 그렇게 한 달 정도 지나니 이제 무슨 말을 하는지는 알겠지만 간단한 것 외에는 대답할 수 없었다. 사실 어학연수를 오면 굳이 한국에서 공부했을 때처럼 혼자 방에서 애쓰지 않아도 저절로 잘 실력이 늘 줄 알았다. 외국인 친구도 많이 사귀어 늘 들리는 것이 중국어고 중국어로 이야기할 기회가 많을 것 같았다. 하지만 내 기대는 현실과 달랐다. 한 달이 되어 갔지만 중국인 친구는 아직 사귀지 못했고 늘 어울려 밥을 먹는 한국인 친구가 더 많았다. 같은 반의 서양, 동양 친구들도 별반 실력이 좋지 못했다. 내가 다녔던 북경어언대학교는 중국인보다 외국인이 더 많은 특이한 학교였기 때문에 중국 학생들도 외국인에게 그다지 호기심을 갖지 않았고 일본에서의 경우와는 다르게 중국 친구들과 같은 학교를 다니고 있지만 그들의 세계와는 전혀 다른 세상에 있는 것 같았다. 이것이 교환학생과 어학연수생의 차이구나를 새삼 느끼게 되었다. 사실 중국 친구와 이야기를 해도 간단한 중국어밖에 못하니 자연스레 영어로 이야기했고 중국어 실력 향상에도 전혀 도움이 되지 않았다. 나름 외국어 학습에 대한 감이 있다고 생각했는데 2개월 동안 도통 늘지 않는 실력에 스트레스를 많이 받았다. 일본어처럼 3개월만 미친 듯이 바짝 하면 실력이 엄청 늘줄 알았는데 중국어는 어려웠다.

하지만 곰곰이 생각해보니 중국으로 어학연수를 왔지만 일본어를 공부 할 때에 비해 하루 동안 공부했던 양의 반도 하지 않았다. 기왕 어학연수를 왔으니, 제대한지 얼마 되지 않았으니 여러 나라의 친구들과 일단 놀자는 생각과 이것으로도 자연스레 실력이 늘 것이라고 생각했었다. 처음에는 외국인 친구들이 나보다 실력이 좋은듯해 조금이라도 중국어를 들으려고 어울렸지만 중국어 회화 실력의 향상을 같은 반 외국인과의 교류에 의존하면 정말 망하는 길이라는 것을 느꼈다. 한 달 정도 지나보니 전혀 도움이 안 되는 걸 느끼고 새로운 공부 방법을 찾게 되었다. 일본어 공부할 때 했던 혼자 공부하는 방법도 무척 효율적이긴 했지만 중국까지 왔는데 그때처럼 혼자 공부하고 싶지는 않았다. 그래서 최대한 중국 친구들과 이야기할 수 있는 기회를 만들려고 했다. 그래서 고민한 것이 푸다오 선생(과외 교사)을 구하는 것이었다.

2) 두 명의 푸다오를 구하다

푸다오는 개인적으로 공부를 도와주는, 우리식으로 말하자면 과외 선생님 같은 존재다. 학생에서부터 학원 선생님까지 다양하며 가격대 또한 차이가 많다. 내가 구했던 선생은 무역학과 4학년으로 일주일에 2번 하루에 2시간 시간당 35위안 우리 돈 6000원 정도에 구할 수 있었다. 타 지방에 비해 비교적 높은 가격대가 형성되어 있는 북경이지만 다행스럽게 조금 싸게 구했다. 같이 방을 쓰던 친구는 시간당 50위안 우리 돈 9000원 정도였다. 물론 그 친구가 대외한어과(중국어 교육학과)3학년이라 중국어 교육법을 전문적으로 배웠고 발음도 상당히 좋아 더 비쌌던 것 같다. 또 한 명은 한국어과 대학원생이었고 일주일에 2번 2시간씩 한 시간은 내가 한국어 가르쳐주고 한 시간은 그쪽에서 중국어를 가르쳐줬다. 이걸 지역마다 다르지만 우리는 보통 후샹빵주(서로 돕다)혹은 위반(랭귀지 파트너)라고 불렀다(상해에 비해 북경의 표현이 조금 촌스럽다 상해의 경우에는 그냥 랭귀지 파트너라고 한다). 물론 비용은 따로 들지 않고 서로 커피 값만 갖고 오면 됐다. 그렇게 오전 4시간 중국어 수업 후 하루 빼고 2시간씩 회화 수업을 했고 그렇게 오후 3시에 기숙사에 오면 무척 졸려 한두 시간 자고 일어나서는 한국 친구들끼리 모여 저녁을 먹었고 식사 후 맥주 한잔 하러 가거나 운동을 했다. 기숙사에 와서는 학교 수업 때 공부한 내용을 복습, 예습하다 11시쯤에 잠자리에 들었다. 가까운 곳에 여행을 가기도 했지만 어디를 가나 사람이 많아 주로 맛있는 것을 먹으며 시간을 보냈으며 외국 친구들에게 태권도를 가르치기도 했다. 사실 3개월간의 생활은 주말에 놀러가는 것 말고는 별반 다르지 않았고 그렇게 방학을 맞이했다.

3) 북경 생활의 아쉬운 점

몇 개월간 북경에 살면서 학교 바로 뒤에 있는 이화원에 한번 못 가봤다. 하루 이틀 있는 것도 아닌데 천천히 가보자는 생각에 게을러졌고 유명한 명소가 많은 북경에서 자금성, 만리장성 빼고는 가본 곳이 드물 정도였다. 중국 음식이 의외로 잘 맞아 먹는 즐거움이 컸지만 좋아하는 것만 일주일에 두세 번씩 먹어 다양한 음식을 맛보지 못한 것도 아쉽다.

그리고 정작 중국친구는 북경에 있는 동안 현지 친구들을 그다지 많이 사귀지 못했고 개인적으로 돈을 내고 공부했던 푸다오도 무책임한 면 때문에 썩 만족스럽지 못해 방학을 맞아 쉬기로 했다.

하루 같은 반 친구가 교회가면 한국 음식 준다고 하기에 함께 가보게 되었다. 한국에서는 교회를 다녀본 적이 없어 호기심이 앞섰던 것 같다. 목사님은 한국인이지만 국제 교회의 특성상 외국인 친구들이 절반이나 되었고 영어, 중국어, 한국어가 공용인 좀 특이한 교회였다. 그렇게 자연스레 주말마다 그곳에서 사귄 한국 유학생 친구들과 자주 어울렸고 3개월 동안 중국 친구보다 한국인을 더 많이 사귀게 되었다. 어쩌다보니 목사님 설교도 영어로 통역하게 되었고 그 부담감에 중국어는 잠깐 놓고 영어 공부에만 매달렸다. 통역 일이 반복될수록 실력이 늘어 결과적으로 그 한 달 동안은 영어 실력만 향상되었다. 이렇게 공부할 거면 굳이 북경에 있을 필요를 느끼지 못해서 남은 한 학기를 한국에서 보낼까 학교를 옮길까 고민을 할 정도였으니 말이다. 북경에서는 물론 좋은 기억도 많지만 기숙사 룸메이트 때문에 고생을 너무했다. 여러 번 방을 바꿨는데 이 과정이 너무 피곤했고 지쳤다. 다음에는 꼭 혼자 살리라 다짐을 했다. 그렇게 다음번 학교는 기숙사비가 싼 곳을 최우선으로 찾게 되었다.

4) 하얼빈으로 학교를 옮기다

　중국 어학연수를 결심했을 때 사실 북경과 하얼빈 두 곳을 고민했다. 하얼빈의 장점은 깨끗한 표준어를 구사하는 곳이며 물가도 싸고 등록금이나 기숙사비도 북경의 반값밖에 하지 않는데 시설도 괜찮았다. 또 2인실을 1인실로 쓸 수 있으니 침대 두개를 붙여 더블, 퀸 사이즈로 쓸 수 있었다. 또 한국 학생도 북경보다는 적어 공부하기 좋은 곳이었다. 고민 끝에 그래도 적어도 언어를 공부하는데 있어 그 나라의 문화가 집약되어 있는 수도에 살아 봐야하지 않을까라는 기대감으로 북경을 택했던 것이다.

　하얼빈에 도착하기 전에 북경 생활을 곱씹어보니 그 어학연수는 냉정하게 말해 실패한 것이나 다름없었다고 생각했다. 하지만 의외로 실력이 많이 늘었었는지 아니면 방학 때 한국에서 열심히 공부한 것이 효과를 봤는지 한국에서 온 중문과 2,3학년들을 데리고 간단한 통역을 해주고 있는 것이 아닌가? 처음 나더러 휴대폰 가게와 은행에 함께 가달라고 했을 때는 당황했지만 막상 부딪혀보니 그렇게 어렵지 않았다. 한 학기 동안 수업시간에 열심히 듣기만 한 것이 도움이 됐었다. 그리고 사실 그것보다 정착 과정을 이미 겪어본 경험이 있으니 훨씬 수월했다. 하얼빈은 북경의 얼화[1]가 없어 알아듣기 무척 편했다. 처음에는 내 실력이 아주 많이 늘었다고 착각하기도 할 정도였다. 그렇게 여러 번 부딪히다보니 이젠 자신감을 가지고 중국인들을 상대할 수 있게 되었다.

　난 항상 외국어 공부하며 이 순간이 가장 기억에 남는다.

　공포심과 답답함은 점점 사라져 순풍에 돛단 듯 실력이 쭉쭉 늘어가

1　모든 문장이나 단어의 끝에 영어의 'R' 발음처럼 혀를 꼬며 발음하는 것.

는 단계, 이제 단어를 외워도 예전보다 훨씬 빨리 외울 수 있고 그림을 그리듯 오래 기억되는 단계.

나는 이걸 뇌에 외국어 방이 만들어졌다고 표현한다. 그 말을 이제 하나의 언어 체계로 받아들이기 시작했다는 뜻이다. 이제 말도 원하는 것처럼 나오고 설령 단어가 기억이 안 난다면 마치 한국어를 말하듯 그 단어를 설명할 수 있고 시간 끄는 것도 자연스럽게 된다. 항상 외국어를 말할 때 하고 싶은 단어가 떠오르지 않으면 금세 머릿속이 새하얘졌다가 당황하게 되는 단계를 뛰어 넘은 것이다.

이 단계에 오기까지 영어는 8개월, 일본어는 3개월이 걸렸고 중국어는 비로소 7개월 만에 도달할 수 있었다.

〈하얼빈 대표 축제 빙등제〉

북경에서 수준에 맞지 않는 반에 들어가서 고생한 것을 떠올리며 이번에는 수준에 맞는 중급 1반으로 배정받았다. 어학연수 했던 하얼빈의 흑

룽강대학교는 북경어언대학교보다 어학연수 인원이 훨씬 적다보니 반이 그렇게 많지 않았다. 입문, 초급1,2 중급1,2 고급1,2반으로 수준을 나눈 것은 크게 차이는 없었다. 하나의 단계(초, 중, 고급)마다 반이 두 반 정도였다. 어언대와 비교해서는 개설되는 반이 1/5도 안 되는 수준이었지만 학생이 적다보니 모두다 얼굴을 아는 정도였고 훨씬 쉽게 친해졌고 학교 교직원들이 학생 관리도 잘해줬다. 한국 학생들 온다고 첫 날에는 조촐하게 만찬도 열어줬는데 중국 학생들도 꽤 많이 와서 친분을 다졌고 나는 그날 바로 언어 교환 파트너를 구할 수 있어 도착한 그 주에 바로 공부를 시작했다. 그리고 그 중국 친구를 통해서 일본어과 중국 학생과도 언어 교환 스터디를 함께 할 수 있었다. 그렇게 새 학기 새 장소 무엇보다 중요한 기숙사 1인실에서 즐겁게 공부를 하던 중 우연히 학교 게시판에 영어 랭귀지 파트너 구하는 같은 학교 여자아이를 알게 되었고 성격도 좋고 얼굴도 예뻐서 자주보다보니 사이가 급진전되어 사귀게 되었다. 같이 어울려 다녔던 한국인 친구 세 명도 한 명은 중국에서 여자친구가 생겼고 또 한 명은 우리나라 어학연수생과 사귀게 되었고 나머지 한 명은 게임에 빠졌다. 그래서 함께 모이는 횟수가 줄어들게 되었고 나는 수업 때와 잘 때를 빼고 그 친구와 함께 시간을 보냈다. 북경에서는 한국인들만 어울렸기 때문에 어학연수 생활이 만족스럽지 못해 여기서는 중국 친구들을 많이 사귀어야겠다고 생각했다. 하지만 초기 정착 시기에는 함께 갔던 어학연수생들과 친해지는 편이 좋다. 특히 외국어를 전혀 못하면 말이다. 주위 정보도 빠삭해 도움받을 일이 많으며 해외에서 한국인들끼리만 느낄 수 있는 정이 있어 타지 생활의 외로움과 고민을 나눌 수 있다. 하지만 그 관계가 주는 달콤한 즐거움에만 빠지면 나가서 누굴 만날 생각도 들지 않으며 현지 친구를 사귈 기회도 그만큼 많이 줄어든다. 거기다가 같은 한국인 유학생과 사귀게 되면 어학연수를 왔지만 중국어는 수업시간에만 듣는 것으로 끝나고 만약 수업안가도 전혀 간섭하는 사람이 없기 때문에 주색에 빠져 지내기에는 천혜의 환경이다.

어학연수에서
성공하려면

어학연수에서 성공하려면 지극히 개인적 교훈으로

1. 우리나라사람들이 적당히 있는 곳으로!

2. 대도시보다는 중소도시가 더 매력적!

3. 외국인들이 적은 지역, 학교로!

4. 물가는 싸고 음식이 맛있는 곳으로!

5. 기숙사는 되도록 1인실이 정신건강에 좋다!

6. 수업시간표는 처음부터 빡빡하게 짜지 말자!

7. 인연이 어떻게 만들어질지 모르니 학교 내에서나 밖에서 길을 묻거나 하며 말을 많이 걸어볼 것!

8. 이성 친구 문제를 심각히 고민해 볼 것!

1) 우리나라 사람이 적당히 있는 곳으로

다른 나라에서 생소한 환경에 처해있다면 문화적 동질감을 느끼는 사람들과는 필연적으로 친해지게 되어 있다. 인터넷 신청, 맛집, 쇼핑, 놀거리, 비자 문제 등 행정적인 일과 생활에 필요한 정보를 많이 가지고 있어 의지할 부분이 많기 때문이다. 그렇게 자주 밥도 같이 먹게 되면 그 친구의 친구들과도 친해지게 되고 한국 친구들과의 관계만 넓어지게 된다. 그러다 외국인 친구들을 사귀어 기존의 무리와 함께하는 식사나 모임에 자주 빠지게 되면 관계가 서먹해지고 스스로도 왠지 미안해져 복잡한 관계에 빠지게 된다. 남자들도 이런데 여자들은 더 감정적으로 혼란에 휩싸이게 될 것이다. 어떤 학교든 한국 친구들이 아예 없는 곳은 없지만 적당히 등거리 외교를 하며 실리를 추구하고 현지친구이나 같은 반의 외국인 친구들을 사귀는 것이 바람직하다. 어학연수에서 한국인들과 정말 친하게 지내도 막상 귀국하면 한번 만나기도 힘들다. 아예 한국친구들과 사귀지 않겠다고 하는 사람도 있지만 초보 단계에서는 도움받을 일이 정말 많기 때문에 적당한 좋은 관계는 나쁠 것 없고 그 친구 반에 놀러가서 그곳의 외국인 친구들과도 친해질 수 있다.

나도 오히려 우리 반 친구들보다 자주 놀러가는 다른 반 일본인 친구들과 친해져 그 친구들을 통해 소개를 받아서 관계를 넓혀갈 수 있었다.

2) 알고 보면 대도시보다 중소도시가 더 매력적

하얼빈도 큰 도시긴 하지만 북경에 비하면 많이 낙후되었다. 사실 북경 생활보다 하얼빈 생활이 현지 사람들과 접촉이 더 많았다. 버스에서 친구들과 우리나라 말을 하고 있으면 중국 여자아이들이 TV에서 보는 한국어를 직접 들으니 신기하다며 친하게 지내자고 먼저 말도 걸어주는 경우도 여러 번 있었고 겨울에는 정말 춥기도 하고 밖에 나가서도 그렇게 놀 거리가 적으니 친구 집에 삼삼오오 모여 마작도 하고 우리나라의 고스톱도 가르쳐주고 놀았다. 그리고 하얼빈만큼 네이멍구의 깡촌도 기억에 많이 남는다. 굳이 북경, 상해 같은 대도시만 고집하기보다는 물가도 싸고 사람들도 도시에 비해 여유롭고 친절한 중소도시를 추천한다.

3) 외국인 학생이 적은 곳으로

학교에 외국인들이 많으면 나의 희소성이 떨어진다. 북경어언대는 중국인 학생보다 외국 학생이 많기로 유명한 곳이다. 하얼빈 흑룡강대도 어학연수로 유명해 꽤 규모가 큰 편이었지만 북경어언대에 비해 개설된 강좌 수는 약 1/5 정도로 적은 수만큼 다양한 혜택도 누릴 수 있었다. 북경에서는 과외 선생님 구할 때 게시판에 붙어있는 전단지나 선생님을 통해서 연락을 하고 금액을 조율했지만 하얼빈에서는 먼저 한국어과 친구 등 여러 친구가 같이 언어 교환 스터디를 하자고 제의해왔다. 결국 세 명의 언어 교환 파트너를 둬서 따로 나가는 돈 없이 과외처럼 공부할 수 있었다. 보통 만나서 2시간 동안 처음 1시간은 내가 한국어를 가르쳐주고 나머지 1시간은 중국어를 배웠다. 풋풋한 대학생들과 함께 공부하는 것이 즐거웠고 한국어 공부에 대한 중국 대학생들의 열정이 무척 인상적이었다.

학교 차원에서도 북경어언대에 비해 비교적 학생 관리라는 것을 받을 수 있었다. 이전 학교에서는 유학생이 많다보니 모든 걸 혼자 해결해야 했었지만 그래도 여기서는 비자 문제나 여러 서류, 학생증 등의 문제를 친절하고 신속히 처리해줬고 나라별로 언어가 가능한 전담 직원을 둬서 여러모로 원하는 것을 요구하기가 편리했다. 그렇지만 어떤 한국 유학생은 외국인 학생이 아예 없다시피 한 곳으로 갔는데 주위 관심은 많이 받아 좋았지만 학교에서 유학생 관리를 등한시해 그냥 방목하는 기분이 들 정도라고 하니 어느 정도 규모도 있고 수업도 다양하며 행정 처리가 잘 되는 곳이면 좋을 것 같다.

4) 물가 싸고 음식이 맛있는 곳으로

북경은 생각보다 물가가 비싸다. 식당 종업원 같은 경우 아직 우리나라 월급의 1/4 정도이며 맥도날드, KFC의 1시간 시급은 약 2천원 정돈데 이렇게 물건 값이 비싸도 되나 싶을 정도였지만 식재료비는 매우 저렴해서 중국의 정책 방향을 알 수 있었다. 북경대나 칭화대 등 중국 명문대학으로 어학연수를 생각했지만 당시 2011년은 어학연수생을 위한 기숙사는 없어서 따로 방을 잡고 살아야했다. 북경의 방값은 정말 살인적이다.

우리나라 대학가보다 더 비싸서 나가서 살 생각을 못했다. 오죽하면 어언대 2인실 방 가격이 하얼빈 흑룡강대 1인실 가격과 같을까 물론 시설은 신축 건물인 어언대가 좋았지만 안락함 면에서는 반값인 흑룡강대도 뒤지지 않았다.

그리고 2인실을 1인실로 쓰니 방이 더 커서 좋았다.

다시 중국으로 어학연수를 갈 수 있는 기회가 있다면 무조건 음식이 맛있는 곳으로 가고 싶다. 한 나라의 수도답게 북경도 유명한 음식점이 많다. 워낙 유명하니 한 번쯤은 체험해 볼 수 있지만 그렇게 비싼 돈 내고 먹을 정도는 아니었다. 물론 내가 부지런하지 못해 북경의 구석구석까지는 못 가봤지만 사실 북경의 유명한 음식점보다 하얼빈 학교 앞에서 파는 2000원짜리 국수가 더 맛있었다.

하얼빈 생활은 먹는 재미가 쏠쏠했다. 수업이 끝나고 늘 맛집 기행을 다녔다. 일본에 살 때도 일본 음식이 무척 좋아했지만 스시, 면, 치킨, 카레 등 종류가 다양하지 않았는데 반해 중국 음식에 한번 빠져보니 세상에서 중국 음식이 가장 다채롭고 맛있다는 걸 알게 되었다. 처음 중국에 오면 모두 샹차이(고수 나물)때문에 고생한다. 나도 처음에는 골라낸다고 힘들었지만 이제 그 맛을 알게 된 후엔 더 많이 넣어달라고 한다. 고수 나물에 적응되면 중국 음식을 즐기기 시작한다. 정말 다른 이유 없이 예전에 갔던 맛집을 또 가보고 싶어 중국 여행을 계획 중이다.

〈내 입맛에 꼭 맞았던 흑룡강대 학생식당 왼쪽부터 내가 제일 좋아하는
궈버로, 쇠고기볶음밥, 쇠고기 국수(1인분, 이렇게 해도 7천원)〉

5) 기숙사는 1인실이 정신건강에 좋다

북경에서 학교를 다니며 한 학기 동안 방을 3번 옮겼다. 첫 번째 룸메이트는 한국 친구였는데 생활 패턴이 전혀 맞지 않아 서로 힘들었다. 두 번째는 우즈베키스탄인이었는데 가끔 새벽에 곤히 자고 있는데 술을 마시고 와서 형광등을 켜고 담배를 피우며 화상 채팅을 아주 시끄럽게 했다. 담배 냄새 때문에 참기 힘들어 창문을 여니 춥다고 다시 닫더라. 진지하게 몇 번 이야기했는데도 그런 일들이 반복되었고 더 이상 참기 힘들어 다른 방으로 이동했다. 세 번째 친구는 아랍인이었는데 결정적으로

어디서 뭘 하는지 집에 잘 들어오지 않아서 좋았다. 그동안 룸메이트 때문에 시달렸기 때문에 학교를 옮겨 무조건 기숙사 1인실을 알아보았다. 북경어언대 기숙사의 2인실 비용과 하얼빈 흑룡강대 1인실 비용이 별반 차이 없었기 때문에 망설임 없이 지역을 옮길 수 있었다. 사실 어학연수 전 마지막까지 북경과 하얼빈 두 지역을 고민했지만 그래도 그 나라의 수도에 살아보고 싶다는 생각이 들어 북경으로 갔는데 큰 실수였다. 룸메이트 때문에 신경 쓰여서 방에 들어가는 것이 고역이라 이 넓은 타국에서 어디 하나 내가 있을 곳이 없다는 우울함이 밀려왔고 공부고 뭐고 다 귀찮아지는 지경까지 이르게 되었다.

해외에서 이 기분을 안 겪어보면 절대 알 수 없다. 기왕 어학연수 가는 거 돈 조금 더 내서 가능하면 1인실을 사용하는 것을 개인적으로는 추천한다.

〈2인실인데 1인실로 썼던 하얼빈 흑룡강대 기숙사 매일 청소원이 방을 청소해준다〉

6) 수업 시간표는 빡빡하게 짜지 말자

학교마다 다르지만 북경어언대처럼 수업이 이미 짜져서 나오는 곳이 있고 흑룡강대처럼 필수 과목을 제외하고 수업을 고를 수 있는 곳이 있다.

즉, 대학처럼 듣고 싶은 과목을 직접 선택할 수 있다. 처음에는 누구나 그렇듯 불타는 의지로 최대한의 수업을 집어넣었다가 한 달이 채 지나지 않아 필수 수업 복습도 못하는데 이렇게 많이 들을 필요가 있을까라는 자기합리화로 출석하지 않았던 수업이 많다. 지금 생각하면 아무 걱정 없이 중국어 공부만 하는데 왜 그렇게 매일 피곤했는지 모르겠다.

연수생 중에는 한국에서 대학에 다니다 어학연수를 온 친구들이 대부분이었지만 중국 명문대 경영대학원(MBA)진학을 목표로 온 분들도 있었다. 그분들이 공부하는 태도와 양은 학부생들과 비교가 되지 않았다. 대부분 한국에서 다니던 직장을 그만두고 온 사람들이라 나이가 있었다. 친하게 지낸 형 한 명은 서른 중반으로 국내 유명 증권회사를 그만두고 중국 경제 에널리스트 꿈을 실현시키기 위해 북경대 MBA를 목표로 중국어를 공부 중이었다. 북경을 떠나오며 연락은 끊겼지만 그렇게 도서관에서만 살았던 모습을 떠올리니 분명 좋은 결과가 있었을 것이라 생각한다.

7) 지나가는 중국 사람들에게 말을 많이 걸어보자
-베프가 될 수 있다

만나왔던 중국들은 외국인에게 관심이 많고 관대하며 친절했다. 그리고 대학생들을 포함해 한국 문화에 관심 있는 사람들이 많아 한국인이라고 밝히면 호기심을 가지고 이것저것 물어보기도 하고 집에 초대해 주는 사람들도 있다. 장거리 기차를 탈 때 많은 젊은 친구들이 PMP나 스마트 폰으로 '런닝 맨', '우리 결혼했어요' 등 한국 예능 프로그램을 보며 가는 걸 적지 않게 볼 수 있다. 물론 북경에서는 외국인으로 받는 혜택은 분명 존재하고 마음만 먹으면 많은 친구들을 만들 수 있다.

하얼빈에서 친하게 지냈던 리우펑도 캠퍼스에서 길을 물어보다가 알게 되었고 그 친구의 순박함과 친절함에 감동받아 자주 밥도 먹고 쇼핑도 다녔다. 우리가 생각하는 것보다 중국 사람들은 한국 사람들에게 우호적이고 대개 친절하니 적극적으로 먼저 다가간다면 좋은 친구가 될 수 있을 것이다.

나는 중국 및 외국인 친구들에게 태권도를 가르쳤다.

〈프로필 명함〉

〈명함 내부〉

  워낙 태권도를 좋아하기도 했지만 친구를 많이 사귀어 최대한 중국어
를 하려고 노력했었다. 그리고 강의가 끝나고 근처 술집에서 뒤풀이를 했
는데 중국에서 학교를 다니며 가장 즐거웠던 한 때다. 많은 친구들이 태
권도에 관심이 많았고 중국 선생님의 요청을 받아 중국 대학 본과 친구
들에게도 가르치기도 했다.

8) 이성 친구 문제를 어찌할 것인가

  해외연수에서 패망하는 결정적 이유가 이성 친구 때문이다. 외국에 나
가보면 오히려 이성친구가 없는 게 이상할 정도로 많은 커플들이 우후죽
순 피어났다 지기를 반복한다. 그리고 대부분 한국인들끼리 사귀게 된
다. 머나먼 타국에서 외롭고 힘든데 말이 통하는 상대와 가까워지는 건
자연의 섭리지만 다시 오기 힘든 어학연수의 기회를 둘이서만 붙어 다니

며 연애하느라 시간을 보내는 건 무척 안타까운 일이다.

이렇게 말은 하지만 막상 나도 해외에서 연애를 즐겨 해보니 어떤 구속도 책임도 없는 자유로운 생활을 하며 무엇이든 마음껏 할 수 있어 즐거웠다. 피 끓는 22살 일본에서 공부했던 해에도, 제대 후 설렘을 안고 떠난 중국 어학연수 첫 학기에도 우리나라 여자친구를 사귀었는데 연애에 한번 빠지면 다른 건 잘 보이지 않는 성격이라 수업에 잘 가지 않았다.

이렇게 학교도 안가고 만날 여자친구랑 밤새 놀고 아침에 허리가 아플 때까지 자고 일어나서 둘이 온라인 게임을 하고 밖으로 놀러만 다니는 생활을 했지만 그 와중에 일본어 공부도 나름 열심히 했다. 사실 일본에 갔지만 막상 해외에 있다는 사실만으로는 실력이 늘지 않아 한국에서 했던 학습법을 그대로 다시 했다. 이번에는 교수님에게 양해를 구해 수업을 녹음해서 다시 들어보며 대학 수업에 적응하려 노력했다. 물론 아예 놀기만 할 때도 있었지만 그래도 가끔 정신 차리고 공부할 때도 있었기 때문에(사실 일본어 실력은 금방 는다), 일본에서 공부했었다고 말은 할 수 있게 되었다. 좀 더 정신 차리고 열심히 할 걸 하는 아쉬움도 들지만 다음번에는 더 잘할 거라고 다짐하며 끝냈다(하지만 중국에서 또 반복될 줄이야 역시 두부 같은 내 결심) 중국도 일본도 그 기회들을 돌아보니 너무 아쉽다. 앞으로 다시 그렇게 해외에서 공부할 수 있는 기회가 온다면 이젠 연애보다 서핑이든 길거리 공연이든 더 즐거운 일을 찾아 시간을 보내고 싶다. 물론 공부도 하긴 해야겠지만 말이다.

해외연수에서 이성 친구를 사귀지 말라는 말이 아니다. 어디서든 마음에 드는 사람이 생긴다면 우리나라에서처럼 소문날까 전전긍긍할 것 없이 적극적으로 대시도 해보고 차여도 보고 울기도 해보며 마음 맞는 이성 친구들과 밤새 놀아보자. 그렇게 나를, 서로를 알아가는 시간을 가지자. 사실 나이가 들면 느끼는 것 중에 하나는 나와 너를 알아가는 시간을 제외하고는 가치 있는 시간이 드물다는 것이다. 좋은 학교에 진학했다고 어학 실력이 좋다고 원하는 자격증을 땄다고 그 순간이 인생에서 가장 빛나는 순간으로 기억되진 않듯 사실 우리는 연애를 통해, 그 알 수 없는 서로에게 빠져듦을 통해 순간을 영원함으로 만들 수 있다. 어른들은 공부할 때 연애가 도움이 되지 않는다고 하지만 자기가 직접 겪어보기 전에는 평생 알 수 없는 일이다. 세상 모든 문제가 그렇게 하지 마, 안 되라는 말에 도전하고 때로는 넘어지면서 다시 일어나는 방법을 배울 수 있기 때문이다.

결론으로 마음에 드는 친구가 있으면 적극적으로 사귀되 함께 공부 할 수 있는 친구가 되어라. 그 친구와는 헤어질 수도 있지만 한번 쌓은 외국어 실력은 없어지지 않는다. 왜냐하면 어학연수를 갔다 오면 향상된 실력만큼 우리나라에서 더 공부할 줄 알지만 그때처럼 집중해서 외국어 공부 할 시간이 전혀 없다. 그러니까 마지막 기회라고 생각하고 연애도 공부도 열심히 하자.

언어의 가치

언어를 배운다는 것의 진정한 가치는 지금까지 다른 삶을 살아온 사람을 설득하는 것에 있다. 살아가며 누구나 분명히 알게 되는 사실 하나는 사람은 태어날 때부터 자기에게 주어진 몫이 존재한다는 것이다. 금수저, 은수저, 재벌 몇 세, 이태백, 88만 원 세대 등으로 표현되기도 하는 이 말들 속에 내가 앞으로 얼마나 누리고 살아갈 수 있을지를 대부분 정의한다.

하지만 우리는 설득이라는 수단을 통해 내게 주어진 세상에서 내가 가질 수 있는 몫을 더 넓혀갈 수 있다. 서로 다른 생각을 가진 사람들에게 언어를 통한 의미 전달로 천 냥 빚을 갚기도 하고 수많은 목숨을 살리기도 한 사례는 역사 속에서 흔히 볼 수 있다. 굳이 수십 년 수백 년 거슬러 가지 않아도 드라마에서도 그리고 우리 주변에서도 능숙한 말솜씨로 난관을 헤쳐 가는 사람들을 이미 많이 봐왔고 그들의 재치에 감탄하기도 한다.

어떤 친구가 인터넷에 '해를 품은 달이라고 하는데 달이 해를 품을 수 있나요?'라고 물어왔다. 답변으로 어떤 이는 달과 해의 지름을 계산을 통해 불가능 하다는 답변을 달기도 하고 또 어떤 이는 이런 것도 질문이냐 너 초딩이지 등 여러 댓글이 달렸다. 그 중 이 댓글이 가장 큰 공감을 받았다.

'어머니는 우리보다 작지만 항상 우리를 품어주십니다'

나는 인문학을 통해 설득의 능력을 개발할 수 있다고 믿는다. 인문학은 설령 시대가 변하고 기술이 발전하여도 인간에게 늘 그래왔듯 수천 년 전의 사람과 공감을 통해 내가 가야할 나만의 길을 제시해준다. 또한 내 생각을 잘 전달할 수 있는 능력을 키워준다.

설득이란 어떤 화려한 의미 전달 기술보다 감성 능력의 확장을 통해 얻을 수 있으리라 생각한다. 사실 내 20대도 남에게 보여줄 스펙을 쌓느라 정작 중요한 감성을 개발하지 못했다. 하나하나 스펙이 쌓여가는 걸 지켜보며 행복이라는 감정도 함께 쌓여간다고 착각했다. 하지만 그 감정은 훗날 인문학이라는 프리즘을 통해 봤을 때 행복이 아니라 성취감이었고 우월감이었다.

사실 나는 내 감정도 정확히 정의 내리지 못한 인간이었다.

시험을 보고 성적을 조회할 때의 그 짜릿함을 잊지 못해 또 도전하고 그 결과를 인터넷에 게시해 부러움을 사는 것을 좋아했다. 그리고 그 과정을 통해 남에게 나를 포장하기 위해 온 신경을 집중했다.

잃은 것은 분명했다.

무엇인가 목표하고 도전하는 과정 속에서 남의 아픔을 이해하지 못하는 중병에 걸렸다. 8여년이 지났지만 아직도 꿈에 나올 정도로 트라우마로 남았던 사건이 있다. 고등학교 때부터 친했던 이성친구가 있었다. 졸업 후 서로 다른 대학에 진학했고 그 친구는 편입 공부를 결심하였다. 하지만 영어 부분에서 기대만큼 성적이 나오지 않아 힘들어했고 우린 가끔 만나 안부를 주고받았다.

사실 영어 공부로 하소연할 때마다 나는 왜 내가 했던 것처럼 최선을 다 하지 않는지 이해할 수 없었다. 하루는 그런 내 감정이 투영된 메마른 눈빛을 지으며 나도 모르게 혀를 찼다.

"쯧쯧쯧"

그 친구는 내 행동이 무척 불쾌했는지 그 자리에서 화를 냈고 분위기가 급격하게 얼어붙어 버스 정류장에 바래다 줄 때까지 서로 한마디도 하지 않았다.

지금 생각해보면 주어진 상황에서 그녀처럼 열심히 할 수 있는 사람은 없는데 그걸 이해 못했던 내 자신이 너무 바보 같다. 그때 바로 사과를 했더라면, 좀 더 일찍 사람을 이해하는 감성을 가졌었더라면 이렇게 10년 동안 연락 한 번 없이 지내지 않을 수도 있었는데. 벌써 12년 전 일이지만 그 친구와 처음 친해졌을 때가 아직도 기억에 남는다. 졸업하기 전 해외 교류 활동에 참여하게 되면서 친해지게 되었는데 사실 그 친구는 예뻤고 성격까지 털털해 주위에 항상 친구가 많았다.

그런 친구가 먼저 다가와 말을 걸어줬고 친해지고 싶다고 말을 해줬을 때는 기뻤다.

정말 마음에 들었던 친군데 그 알량한 자존심이란 게 뭔지 실수했다는 걸 알면서도 바로 사과하지 못했고 인생은 이렇게 살아야 한다는 훈

수질을 했을까. 대체 내가 뭐라고, 무슨 자격으로 말이다.

작은 묘목에 난 생채기가 훗날 선명한 상처로 남듯 연락처를 검색할 때, 졸업한 학교를 지나갈 때, 등산갈 때, 정류장에서 버스를 기다릴 때 가끔씩 그 친구와의 아픈 기억이 떠올랐다.

비록 그 친구가 의도하진 않았지만 몸소 가르쳐준 교훈으로 내 좌우명을 '사과는 바로바로'로 고쳐먹었고 가끔 말도 안 되는 말실수를 해 소중한 친구를 힘들게 할 때마다 바로 사과하는 습관을 들이려 노력했다.

그런 식으로 두 번 다시 좋아하는 친구를 잃기는 싫었다.

우정아.

나는 아직도 여름날 너와 했던 쇼핑, 너 학원에 가기 전 일부러 우리 동네에 들렸을 때 함께 카페에 앉아 나눴던 시시콜콜한 이야기들이 기억나. 그때 명분은 공부 열심히 하라는 거였지만 사실 스리슬쩍 마음까지 전했던 따뜻한 꿀물 2개와 우리 함께 나눴던 일들이 마치 어제 일처럼 생각나. 이제 내가 좀 사람이 되가는 것 같은데 네 넓은 아량으로 용서해주면 안될까? 너는 아마 잊었겠지만 나는 우리 별거 아닌 일에도 즐겁게 이야기했던 그 때로 돌아가고 싶어. 물론 너의 좋은 친구로서 말이야.

새로운 대안 중국어 학원

중국어시험이라고 하면 대개 HSK 즉 한어수평고시를 말한다. 나도 중국에서 어학연수를 하며 귀국 전에는 '반드시 중국 시험자격증은 꼭 따와야 겠다'라고 생각하고 있었다. 귀국 2개월을 남기고 치러지는 시험을 준비하기 위해 주위 외국인을 대상으로 하는 학원을 알아보게 되었다. 학원은 학교에서 그리 멀지 않은 곳에 있어 한 달 강의를 신청하고 학교 수업이 끝나면 곧장 학원으로 갔다. 하루 2시간 4주 수업이었고 한국인이 운영하며 중국인 선생님을 강사로 쓰고 있었다. 같은 반에는 한국인 학생 다섯 명 정도 있었다. 보통 중국 어학연수를 가면 그 나라 대학의 사설 교육원에서 수업을 듣지만 학기가 맞지 않거나 1:1 과외 위주로 단기간에 집중적으로 배우고 싶은 친구들은 학원을 선택했고 수준별 커리큘럼에 따라 하루 4~8시간의 수업 뒤에 학원에서 구해준 방에서 살며 중국어를 배운다. 마치 필리핀에서 성행하는 영어연수처럼 모든 것이 갖춰진 사설 어학원과 같았다. 학원마다 다르지만 대개 주중에는 밤 통금시간이 있고 주말만 자유롭게 내보내주지만 특별한 일이 없으면 밤 늦게라도 들어와 잠은 꼭 숙소에서 자야한다. 대학처럼 인원도 많지 않아 학사 관리에도 신경을 써주고 상담도 주기적으로 해주며 개인 과외 선생님도 알아서 알선해준다. 인터넷도 대학 기숙사에 살 때는 스스로 신청하고 돈도 알아서 내고 통장도 알아서 만들어야 하지만 여기서는 학원에서 모든 것을 다 해줘 공부에만 집중하면 된다고 한다. 대학과 사설 학원을 다녀보며 여러 장단점을 생각해봤는데 대학 부설 어학원의 가장 큰 장점은 뭐니 뭐니 해도 현지 대학생들과 친해질 기회가 많다는 것이다. 같은 캠퍼스에서 공부하며 함께 도서관을 쓰기도 하고 소개로도 만날 수 있고 그 외 선생님 소개 등 다양한 루트가 있다. 하지만 사설 어학원은 보통 과외 선생님과 친해지는 것이 대부분이다. 물론 과외 선생님의 소개나 길에서 만난 중국인들과도 친해질 수 있지만 캠퍼스 안에서의 그것과는 느낌이 좀 다르다. 두 번째로 대학 어학연수는 세계 각지의 여러 나라 학생들과 같은 반에 공부를 할 수 있다. 하얼빈 학원에는 러시아 친구들도 있었지만 한국 친구들이 대부분이었다. 기타로 외국 친구들과 룸메이트를 할 수 있는 점(이것이 과연 좋은 건가 싶지만), 학교에서 제공하는 수업이 좀 더 다양한 점 등등이 있다. 사설 학원의 장점으로는 가장 큰 것이 학기에 구애받지 않아도 된다는 것이다. 대부분의 대학이 3월, 9월에 학기가 시작한다. 물론 방학에도 코스를 개설하지만 연수생이 많은 규모가 큰 곳만 있고 사실 학교로 치면 비수기이니 학생 관리 등 신경 써주는 것도 덜하기도 하거니와 가장 중요한 것은 캠퍼스에 전혀 공부 분위기도 안 난다는 것이다. 만만디 캠퍼스에 사람도 그다지 없어 스산한 분위기가 연출되며 방학 때 기숙사에 혼자 있으면 정말 외롭다. 대부분의 현지 친구들은 고향에 가고 한국 친구들도 귀국하거나 여행을 다니기 때문에 이야기 나눌 사람이 없지만 학원은 다달이 코스가 개설되므로 언제가도 수준에 맞는 수업을 들을 수 있고 등록도 간편하다. 두 번째로 한국인 선생님이 공부를 신경써 준다는 것이다. 대학에서는 수업 컨설팅 같은 것은 드물고 수업도 자기 스스로 알아서 찾아듣고 해야 하지만 사설 학원에서는 한국 선생님만의 특유의 세심함으로 기간, 목표에 따라 앞으로 무슨 수업을 들어야 하며 기간 내 원하는 급수를 성취할 수 있도록 학사 관리를 해 준다. 세 번째로 학생이 적어도 수업이 개설된다는 것이다. 물론 학원마다 다르긴 하지만 내가 다녔던 곳은 한 반에 세 명만 되어도 수업을 열어줬다. 일반적으로 대학은 그 정도 인원이면 듣고 싶어도 자연스레 폐강되어 다른 강의를 선택하라고 통보가 온다. 그래서 한 수업 당 적어도 수강하는 학생이 열 명은 넘는다. 하지만 사설 학원은 적은 인원이 수업에 참여하니 그만큼 더 많은 관리를 받을 수 있으며 수업에서 말할 수 있는 기회도 많고 모의시험을 보아도 성적을 꼼꼼히 확인해 주고 무엇이 문젠지 선생님이 1:1로 진단을 해 줄 정도다. HSK 5급 시험을 준비하며 다녔던 학원에서는 그 반에 다섯 명이 수강생의 전부였고 한두 명이 자주 빠져 실제로 세 명이 수업을 들었다. 친구도 북경에서 6급을 준비하며 학원을 다녔는데 학생도 적어 선생님이 세심히 관리해 준 덕분에 무사히 합격했다며 무척 만족해했다. 내가 공부했던 북경어언대나 흑룡강대의 경우 HSK 수업도 개설되어 학교에서 준비할 생각도 해봤는데 모의시험만 대충 풀고 시간 관계상 해설도 부족해 수업의 질도 낮았고 수업 진행도 일주일에 한두 번밖에 없어 실력이 그다지 늘지 않을 것 같았다. 사실 외국인 중 한국 친구들만 대게 급수 취득에 열을 올리고 그 외에 학생들은 그다지 급수 취득에 중요성을 두지 않기 때문에 학교에서 HSK 수업 배정이 적다. 교육 목표가 급수 취득이 아니다 보니 상대적으로 많은 한국 학생들이 중국에서 사설 학원을 이용하거나 방학 때 한국에 들어와서 중국어 학원에서 집중적으로 수업을 받거나 중국에서 한국 사이트의 인터넷 강의를 등록해 문제지는 택배로 받거나 출력하는 등의 방법으로 급수 공부를 해 나가고 있는 것을 보며 학원에서 공부하는 것에 매력을 많이 느끼게 되었다. 연수비용은 대학이나 사설 학원이나 비슷하지만(북경소재 대학기준) 서로의 장단점은 많이 다르다. 중국어 어학연수를 고려한다면 현지 학원도 훌륭한 대안이 될 수 있으니 참고했으면 한다. 이런 학원은 대게 한국인이 운영하는 곳이 많고 학원마다 조금 차이점은 있겠지만 보통 숙식에서부터 계좌 개설 등 모든 것을 알아서 처리해주니 공부만 집중할 수 있다. 그리고 부모님에게 있어서 어린 자녀를 보낼 경우도 자유만 있는 대학보다는 약간 구속이 가해지는 학원 편이 낫겠다. 또한 중국 현지 대학을 준비한다면 대게 현지 학원에서 준비를 하므로 대학 진학을 원한다면 반드시 사설 학원에 가야 정보를 많이 얻는다. 중국 대학 입학은 어학 실력보다 정보가 훨씬 더 중요하며 또한 그 입학시험에 맞게 트레이닝 시켜주니 더 할 나위 없을 것이다. 1년을 계획한다면 서로 반반씩 나눠서 가는 것도 좋다고 생각한다. 첫 학기는 대학에서 보내며 정말 외국에서 공부하는 느낌도 가질 수 있고 다양한 친구들을 만나서 즐겁게 공부할 수 있다. 그렇지만 다음 학기가 되면 그런 신선함도 덜 하고 지금 만들어 놓은 현지 친구들을 유지하는 것도 힘들다. 중국어를 열심히 말하고 싶은 열정도 조금 떨어지고 이제 다시 한국 귀국 날이 다가오면서 돌아갈 때 들고 갈 '증명서'가 필요하기 때문에 두 번째 학기는 학원에서 보내는 것이 좋을 수 있을 것이다. 만약 다시 한 번 1년간 어학연수를 갈 기회가 있다면 이렇게 하고 싶다는 개인적인 생각이기 때문에 참고만하면 되겠다.

중국어 자격증
HSK 5급, OPIc IH등급 취득 수기

출국 전 공항에서 1년 만에 HSK 최고 급수인 6급을 취득하려 다짐을 했지만 그 급수를 따기 위해서는 기껏 떠난 어학연수의 이점 없이 아주 많은 시간을 한국에서처럼 도서관에 앉아서만 보내야 한다는 사실을 깨닫게 되었다. 비싼 돈과 시간을 들여 어학연수를 온 이상 외국 친구들과 놀러 다니기도 바빠야 하며 중국어 한 마디라도 더 하려고, 더 들으려 노력해야한다고 생각했다. 굳이 해외에 와서 책상에만 앉아있어야 하나라는 회의감이 들 정도였다. 서양 친구들은 우리와 달리 별로 급수 취득에 중요성을 두지 않았고 그런 시험이 있는지조차 모르는 아이들도 있는 것을 볼 때 최고 급수에 집착하지 않기로 하였다. 이곳에서 최대한 많이 말하고 듣되 중국어시험은 그래도 5급만 따서 가기로 하고 한국에서 중국어 OPIc(회화시험)을 도전하기로 결심했다. HSK의 기준은 삼성그룹이 공채 때 가산점을 부여하는 중국어 5급 195점(300점 만점 180이상 합격)으로 잡았고 시험 한 달 전부터 학원에 다니며 열심히 공부했다. 열심히 공부한 뒤 5급 시험을 쳤고 생각보다 성적이 잘나와 욕심을 내서

6급을 딸까라고 생각도 했지만 남은 한 달 보름의 시간이 너무 아까워서 언젠가 한국에서 시험을 보겠다고 다짐 했다(2년이 지난 아직도 보지 않았지만... 아무튼 그게 중요한 건 아니다). 시험 결과는 300점 만점에 244점이 나왔다. 그 비결로 듣기시험에서 나의 학습법의 효과를 톡톡히 봤다. 듣기가 100점 만점에 95점이나 나와 준 덕분에 짧은 시험 준비 기간에 비해 좋은 점수를 받을 수 있었다. 그렇게 남은 소중한 한 달을 친구들과 시간을 보냈고 귀국 후 몇 달 뒤 OPIc이라는 회화시험에서 목표했던 IH라는 등급을 받게 되었다. 보통 취직 준비를 위해 준비하는 회화시험이라 함은 토익 스피킹이나 OPIc을 이야기하는데 OPIc은 영어, 중국어, 스페인어 등 여러 언어 시험을 주관한다. 중국 OPIc시험은 딱 10일 준비했는데 내가 생각해도 내 실력에 비해 좋은 점수를 얻은 것 같다. 이제 나의 HSK 및 OPIc 준비 과정, 전략에 대해서 이야기를 해야겠다.

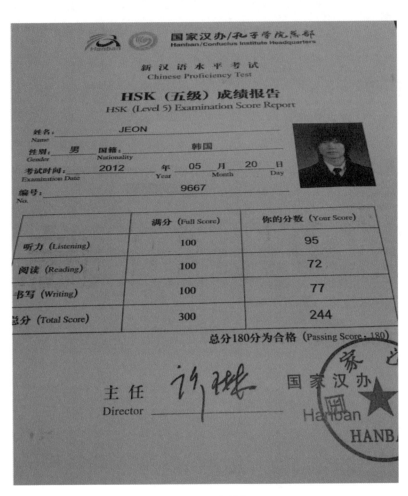

〈HSK 5급 자격증〉

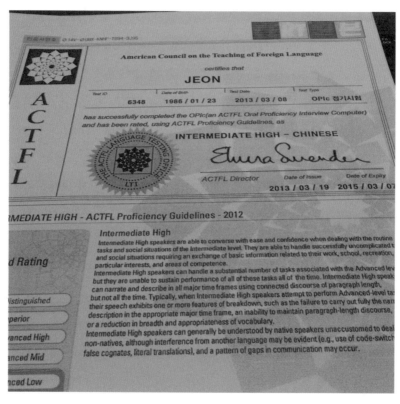

〈중국어 오픽 IH 자격증〉

1) HSK시험 준비 전략

HSK시험의 정식 명칭은 한어수평고시라 불리며 1급~6급으로 나누어진다. 실제로 처음 중국어를 접했더라도 4급 취득을 목표로 공부하고 4급 취득 후 중국에서 6개월에서 1년 이상 공부한 경우에는 5급을 준비하며 그 이후에 6급 시험을 준비하기도 하지만 내가 봐온 많은 사람들은 일반적으로 5급 고득점에서 만족했다. 취직 시 혹은 승진 시 가산점을 받을 수 있는 등급이 5급이며 삼성그룹처럼 5급 중에서도 취득 점수에 따라 등급을 나누는 곳도 있다. 당시에는 6급을 따면 물론 좋을 것 같았다. 하지만 짧은 시간 동안 중국에 머무는 건데 많은 시간과 노력을 들여가며 일상 회화에서 잘 쓰지 않는 표현을 배워가며 굳이 6급을 따기보다 (사실 더 놀고 싶어서) 5급 고득점에 만족했다. 만약 중국에서 쭉 머무르며 유학할 예정이었더라면 반드시 6급을 따려 노력했을 것이다.

5급의 시험 형식은 듣기, 단어, 독해, 짧은 글짓기로 나뉜다. 한자를 전부 제대로 써야하기 때문에 자주 쓰는 한자까지 알고 있어야 하므로 한자를 처음 시작한다면 여간 까다롭게만 느껴진다. 나는 중국 어학연수 시절 학원에서 하루 2시간씩 3주 동안 다니며 시험을 준비했는데 두 번째 주까지 늘 하는 듣기와 독해만 공부해서 여간 불안한 게 아니었다. 마지막 딱 한주만 집중적으로 내내 쓰기 수업만 했다. 일주일 공부해도 쓰기에서 나름 나쁘지 않은 점수를 얻었다.

그러니 너무 부담 갖지 말고 5급부터 시작해도 된다. 4급과 5급은 수준 차이가 꽤나서 4급부터 하고 5급을 해도 되지만 4급 시험은 보지 않았다. 어차피 5급이 목표라면 처음부터 그 시험 형식에 맞춰 준비하는 것이 시간과 돈을 절약할 수 있는 방법이라 생각했다. 여러분들이 따고 싶은 급수로 해도 되지만 5급이 목표일 경우 바로 5급 시험을 6급이 목표일 경우 5급 시험을 쳐본 후 6급으로 넘어가는 것이 좋을 것 같다. 일본어 시험도 보통 2급을 먼저 보고 1급을 준비하는 것처럼 자칫 지루할 수 있는 공부 기간 중에 단계적 성취의 즐거움을 맛볼 수 있기 때문에 더 오래, 길게 공부할 수 있다고 생각한다.

2) 중국어 OPIc시험 전략

OPIc이라는 시험은 회화 실력을 평가하기 위한 시험이다. OPIc은 주로 영어, 스페인어, 중국어, 러시아어를 평가하고 있으며 등급은 가장 낮은 NL(Novice Low)부터 AL(Advanced Low)까지 있다.

Level		레벨별 요약정리
Advanced	Advanced Low	사건을 서술할 때 일관적으로 동사 시제를 관리하고, 사람과 사물을 묘사할 때 다양한 형용사를 사용한다. 적절한 위치에서 접속사를 사용하기 때문에 문장간의 결속력도 높고 문단의 구조를 능숙하게 구성할 수 있다. 익숙하지 않은 복잡한 상황에서도 문제를 설명하고 해결할 수 있는 수준의 능숙도다.
Intermediate	Intermediate HIGH	개인에게 익숙하지 않거나 예측하지 못한 복잡한 상황을 만날 때, 대부분의 상황에서 사건을 설명하고 문제를 효과적으로 해결하곤 한다. 발화량이 많고, 다양한 어휘를 사용한다.
	Intermediate MID	일상적인 소재 뿐 아니라 개인적으로 익숙한 상황에서는 문장을 나열하며 자연스럽게 말할 수 있다. 다양한 문장형식이나 어휘를 실험적으로 사용하려고 하며, 상대방이 조금만 배려해주면 오랜 시간 대화가 가능하다.
	Intermediate LOW	일상적인 소재에서는 문장으로 말할 수 있다. 대화에 참여하고 선호하는 소재에서는 자신감을 가지고 말할 수 있다.
Novice	Novice HIGH	일상적인 대부분의 소재에 대해서 문장으로 말할 수 있다. 개인정보에 대해 질문을 하고 응답을 할 수 있다.
	Novice MID	이미 암기한 단어나 문장으로 말하기를 할 수 있다.
	Novice LOW	제한적인 수준이지만 영어 단어를 나열하며 말할 수 있다.

* Intermediate Mid 의 경우 Mid < Mid2 < Mid3로 세분화하여 제공합니다.

시험 방법은 무척 단순하다. 약 45분 동안 12개 정도의 질문에 대답하는 것이다.

중국어의 경우 여러 가지 회화시험이 있지만 OPIc이라는 시험이 원래 영어 회화시험 분야에서 가장 유명한지라 인지도가 제일 높다. 나는 그 중 IH라는 등급을 취득하였다. 다른 언어와 직접 비교하기에는 한계가 있지만 이해를 돕기 위해 따져보자면 내 주위에 1년 정도 성실히 영어권에서 어학연수를 하고 온 친구들이 대게 IM2~3등급을 취득했다. 보통 많은 대기업에서 대졸 공채를 뽑을 때 회화시험 등급에도 제한을 두어 OPIc이나 토익 스피킹 없이는 지원이 안 되는 곳도 있다. 기술직 공대 같은 경우 IL단계부터이며 사기업은 IM부터 지원이 가능하다. 삼성물산처럼 규모가 큰 무역회사의 경우 영어 사용 비중이 높기 때문에 IH(토익 스피킹7)부터 지원할 수 있다. 이걸 볼 때 IH등급도 결코 낮은 등급이 아니기 때문에 나 스스로도 성적을 확인하고 무척 기뻤다. IH등급을 취득했다고 하니 같이 어학연수를 했던 친구들이나 모르는 사람도 여러 가지 물어와 이 기회를 통해 중국어 OPIc 공부 방법과 시험을 어떻게 봤는지 이야기하고 싶다.

OPIc시험의 특성상 질문의 범위가 그렇게 넓지 않다. 자기가 선택한 부분에 대해 3~4문제가 나오며 그 선택지 안에 여러 가지 예상 질문들이 있다. 물론 준비한 관심사 외의 돌발 질문도 있다. 그러므로 A4용지 5~8줄 정도 되는 스크립트 100개 이상을 외우면 IM~IH등급을 취득할 수 있다. 하지만 현실적으로 100개나 되는 걸 외우기는 어렵다. 15문제 중 몇 문제는 전혀 예상하지 못한 질문이 나오기 때문에 임기응변도 있어야 하지만 많은 문장을 외우면 그 안에서 돌려쓰면 된다. 자연스레 주제를 유도해 외운 문장을 적용해보면 된다. 따라서 어느 정도의 기본 실력과 더불어 문장 암기 및 시험 대비 공부가 필수이다. 면접도 대비할 수 있다. 하지만 중국어는 아직 많은 사람이 응시하고 있지 않아 준비만 잘한다면 영어시험보다 좋은 등급을 받을 수 있다.

먼저 IH를 목표로 하고 있는 적당한 교재를 골라 거기 나온 괜찮은 표현과 문장을 암기하고 관심 분야 선택지를 미리 정하고 교재를 참고로 직접 나만의 스크립트를 작성해본다. 교재에 나온 단어나 내용이 비슷해도 괜찮다. 학생이나 직장인 둘 중에 하나를 고르면 그 배경에 맞는 문제가 나오는데 무엇을 고르냐에 따라 질문의 종류가 무척 달라진다. 내 경험상 학생으로 하는 것이 이야기할 내용도 쉽고 전문 용어가 필요 없어서 이해시키기도 쉽다. 직장인이라도 학생으로 선택하는 것이 절대 유리하니 거기에 맞는 답변들을 준비해 나가자. 혹시 이직을 준비하고 영어 면접을 앞둔 사람이라면 따로 영어 면접을 준비하지 않고 OPIc시험만으로도 충분히 준비가 된다.

시험에서 자기소개는 첫 질문으로 반드시 나온다. 그러므로 멋진 자기소개를 하나 준비해두자. OPIc시험에서 무조건 그 나라에 거주한 적이 있다고 하는 것이 좋다. 영어 OPIc시험을 볼 경우도 무조건 몇 년간 살았다고 했다. 중국어 OPIc시험에서는 실제로 중국에 1년 남짓 거주했지만 3년 있었다고 말했다. 그렇게 말하면 먼저 스스로에게 자신감이 붙어 조금 여유가 생기고 시험 채점자도 실력이 좋을 것이라는 선입견을 가지게 되어 더 높은 점수를 줄 가능성이 있다. 물론 순전히 개인적인 생각이긴 하지만 내가 느끼기에 상당한 효과를 봤다.

자기 상황에 맞는, 더 적절히 이야기 하면 전략적으로 만들어낸 스크립트를 최소한 수십 개는 만들어 놓고 그 문장을 가지고 새로운 질문을 대처해 나가야 한다. 핵심 문장 암기는 매우 중요하니 하루에 스크립트를 하나씩 확실히 외운다면 한 달 안에 좋은 성적을 낼 수 있을 것이다. 고등학생 때 영어 면접을 준비할 때와 별반 다를 바 없었다. 그렇게 주제별로 따로 정리한 중국어 스크립트를 한국어로 써두는 편이 좋다. 한국어로 써놓아야 익숙한 언어 체계의 흐름을 통해 암기가 훨씬 잘되고 시험에서 다급할 때는 막상 모국어만 생각나니 그걸 자연스럽게 번역해서 말하면 된다.

또 한 가지의 팁은 중국에 대해 좋은 말만 하면 좋다. 채점자도 사람이니 더 호감이 가는 사람에게 좋은 점수를 주게 되어 있다. 그렇다고 중국에 대한 모든 것을 찬양하라는 말은 아니다. 적당한 칭찬과 관심을 보이라는 것이다. 실제로 내가 음식과 관련된 주제에서 했던 말인데,

"내가 중국에 있을 때 궈버로우를 처음 먹었다. 우리나라 탕수육과 비슷한 음식인줄만 알았는데 정말 맛있었다. 매일 학생 식당에서 점심은 그것만 먹었고 아직도 북경하면 궈버로우가 생각날 정도다. 귀국 후 스스로 궈버로우를 만들어 먹기 위해 중식 조리사를 공부하고 있다. 그리고…" 이런 식으로 나도 너희들이 좋아하는 것을 좋아한다. 그리고 나는 중국의 문화를 비롯한 모든 것에 관심을 갖고 있다는 인상을 주면 좋다. 요리뿐만 아니라 다양한 선택지에도 적용할 수 있다. 다시 예를 들면 "좋아하는 운동은 무엇인가요?"라는 질문의 경우 중국에서 가장 인기 있는 스포츠인 탁구를 이용해 "한국에 있을 때 탁구를 좋아했고 또 잘한다는 소리를 많이 들었다 그래서 중국에 갔을 때도 학교에서 한국 친구들과

탁구를 자주 쳤는데 하루는 중국 친구의 권유로 탁구모임에 나가게 되었다 한국에서는 꽤 치는 수준이었지만 중국은 어린아이부터 나이 지긋한 어르신까지 탁구 실력이 상당했고 이기기도 하고 지기도 하면서 실력이 늘어갔다 그리고 탁구를 통해 좋은 중국 친구들을 많이 사귈 수 있었고 아직도 페이스 북으로 함께 탁구치자는 말을 주고받는다"처럼 단어나 문장 수준은 그렇게 높지 않지만 중국 문화와 중국 사람들에 대한 관심이 있다는 것을 확실히 하는 것이 좋다. 중국어를 공부하는 한편 중국의 다방면에 대한 이해가 깊으면 간단한 말이라도 더 할 말이 많을 것이고 비록 실력은 조금 모자라도 좋은 점수를 받을 수 있을 것이라 생각한다. 물론 자기 실력이 훌륭하다면 중국에 대한 이야기 일절 없어도 좋은 등급은 받을 수 있지만 나처럼 불안하다면 중국 문화나 생활에 대한 이야기도 준비해 두자. 이것이 내가 일주일 공부로 실력에 비해 과분한 IH등급을 받을 수 있었던 비결이다.

어학연수는
하기 나름이다

첫 달은 대부분 열심히 등교를 하지만 다음 달이 되고 그리고 마지막 달이 되면 같은 반 학생 수는 절반 이하로 떨어진다. 일례로 우리 반 인원이 총 열다섯 명이었지만 마지막 달에는 다섯 명 정도만 등교를 했다. 학교를 못간 사유도 과음으로 인한 술병, 친구와의 관광, 조기 귀국 등등 몹시 다양하며 이 기간에 특히 이성 친구들과 밀월여행을 자주 간다. 우리나라에 다시 들어오면 부모님이 계시니 그렇게 못 놀기 때문에 마지막 달이 되면 정말 기를 쓰고 더 놀러가려고 한다. 북경에 있을 때 반 분위기 타고 여러 이유로 수업을 며칠 빼먹었는데 선생님과 우연히 길가에서 마주쳤다. 나이 지긋한 노 선생님이 "내일은 수업에 오니? 왔으면 좋겠다"라고 말하시는 것을 듣고 정말 죄송스러워서 반드시 간다고 말씀드리고 마지막에는 결석 없이 유종의 미를 거뒀다. 중국어는 어렵고 실력이 느는 게 잘 느껴지지 않기 때문에 많은 학생들이 조급해하며 불안해한다. 그리고 어떤 학생들은 언젠가는 늘 것이라고 생각해 반쯤 방치한다. 수업이라도 들으러 오면 모르겠지만 그것도 아니기 때문에 어학연수를 와서 원했던 수준만큼의 외국어 실력을 얻고 돌아가는 학생은 의외로 그렇게 많지 않다. 물론 자기하기 나름이다. 1년 만에 최고 급수인 6급 따는 친구도 아주 드물지만 봤다. 하지만 그 친구는 방안에서 공부만 하다 1년을 보내는 것 같았다. 아무리 결과가 좋더라도 어학연수를 와서 그건 아니다 싶어 나는 최대한 밖으로 나가려 노력했다. 그러다보니 중국 현지 방송에도 출연하게 되었고 중국 여자친구도 사귀어 24시간 동안 중국어만 쓰게 되었고 가끔은 한국 친구들과 대화를 할 때도 나도 모르게 중국어가 튀어나오기까지 했다.

오히려 어학연수를 떠나기보다 마음잡고 우리나라에서 공부한다면 돈도 시간도 절약할 수 있을 것이다. 그럼에도 다음 학기에 다시 중국으로 어학연수를 간 것은 방학 때 비약적으로 늘었던 중국어를 시험해보고 싶기도 했고 이번엔 진짜 다를 것이라는 각오도 있었기 때문이다. 첫 학기 북경 생활은 그렇게 망했기 때문에 새로운 곳에서 보내는 신학기는 반드시 다를 것이라 믿었고 덕분에 원했던 결과 그 이상을 가져갈 수 있었다. 공부 이외에도 많은 경험을 했다.

하얼빈에서 보낸 시간이 좋았던 이유는 제일 먼저 새로운 친구들을 많이 사귀었던 것에 있다. 학교에서 사귄 중국 친구가 사는 네이멍구 촌 동네로 여행을 다녀온 적이 있었는데 오픈카를 가지고 픽업 온다더니 집에서 농사지을 때 쓰는 (우리나라 70년대에서나 보던) 소달구지를 끌고 와서 나를 빵 터지게 했다. 며칠간 시골 친구 집에서 머무르며 온 동네의 관심을 한 몸에 받았고 요리사였던 아버지 덕분에 맛있는 음식도 많이 먹을 수 있었다. 덕분에 중국 음식의 매력에 푹 빠지기 시작했고 보답 차원에서 가끔 동네 꼬마들을 모아 태권도를 가르쳐주니 마을의 슈퍼스타가 되어 여기저기서 초대도 많이 받았다.

　지금까지 갔던 여행 중 가장 즐거웠고 그 경험을 통해 앞으로 전 세계로 자전거 여행을 떠나보자는 계획을 세웠다. 여행을 통해 보다 많은 아이들에게 태권도를 가르쳐주고 그걸 통해서 그 지역사회와 다시 교감하고 싶다.

중국 TV쇼에
출연하다

중국 친구의 소개로 알게 된 한국어과 친구가 혹시 연애 서바이벌 방송 출연하지 않겠냐는 권유를 해왔다. 한국에서도 인기리에 방송했던 '러브 스위치'의 중국판이었다. 군대에서 재밌게 봐서 나도 언젠가 저런 곳에 나가보면 재밌겠다고 생각을 했었고 단번에 오케이 했다. 그렇게 며칠 뒤 면접을 봤고 면접 결과가 괜찮았는지 소개 영상을 만들자며 찾아와 학교와 지역 명소에 가서 설정 샷을 무수히 찍었다. 그렇게 방송 날 두근거리는 마음을 안고 기타를 매고 찾아가 노래를 불렀다. 비록 3차 때는 표를 받지 못해 탈락하게 되었지만 중국 생활을 하며 경험했던 것 중에 가장 기억에 남았다.

하지만 작가가 써준 대본에만 충실해 내 개성과 매력을 전부 못 보여준 것이 아쉬웠다. 이 작자가 나를 여행만 좋아하는 한량으로 포장해버렸다. 만약 다음에도 이런 기회가 온다면 수동적으로 뒤로 빼거나 내 일을 남에게 맡기지 말고 좀 더 적극적으로 나서고 싶다고 다짐하게 되었다. 그리고 그 날은 어학연수 기간 중 중국어를 가장 많이 쓴 날이며 학교라는 울타리를 벗어나 전혀 경험해보지 못한 장소에서 나를 표현하며 다양한 사람을 만난 날로 기억된다. 중국에서 지내며 불편함도 많았지만 그 모든 것을 상쇄시켜줄 만큼 마음이 따뜻한 사람들을 많이 만났다. 내가 본 중국인은 서로 안면이 없는 상태라면 타인에 대해 냉정하지만 서로 어떻게든 알고 있는 사람이라면, 설령 방금 길에서 길을 물었던 정도의 안면이라도 다시 만나게 되면 아낌없는 따뜻한 친절을 베풀어주었다. 수 많은 나라를 여행하며 만났던 어느 현지인들보다 친절했고 순박했으며 의리도 있었고 정도 많았다. 음식이 가장 맛있었고 많은 현지인들과 교류했으며 공부도 놀이도 연애도 열심히 즐겁게 했다. 그래서 유럽이나 일본보다 다시 가보고 싶은 나라 1순위이며 다음 여행도, 공부도 중국으로 계획 중이다.

〈기타 연주〉

북경어언대 vs 흑룡강대
어학연수 비교

〈북경어언대〉

 북경어언대의 경우 한 학기 기준으로

 비자, 보험 등 총 국내 수속 신청비 총 30만 원 정도이며 어언대 등록
금 11600위안(208만 원), 2인실 150일 기숙사비 9000위안(162만 원,
월 32만 원), 기타 교재비, 기숙사 보증금 1000위안(18만 원), 생활비
200만 원 40만 원*5개월 합계: 약 620만 원 선이다.

 북경대, 칭화대 등 북경 주요 대학 어학연수 비용이 이정도 선이다. 기숙사비는 방학을 제외한 금액이다.

북경어언대의 장점으로 번화가 오도구에 위치해 있고 주위 북경대, 칭화대, 인민대, 항공대 등 주요 대학이 위치해 있고 우리나라 용산 전자상가 같은 중관춘이 인접해 있다. 오도구는 한국어만으로도 어려움 없이 생활이 가능한 지역이며 마트, 한식당, 클럽 등 생활환경이 무척 편리하고 주위 중국어 학원이 많아 HSK 급수 취득에 유리하다. 지하철과도 가까워 어디든 이동하기 좋다.

중국어 실력이 좋은 학생이 많고 여러 나라 학생과 교류 가능하다. 하지만 경제적 부담감이 크고 유흥시설이 다수 분포되어 있으며 한국 학생들이 아주 많아 회화실력 향상에는 불리할 수 있다.

〈흑룡강대〉

하얼빈 흑룡강대의 경우

비자, 보험 등 총 국내 수속신청비 총 30만 원 정도이며, 학비

6500(120만 원), 기숙사비, 4950(96만 원, 1인실 7500위안 140만 원), 기타 교재비, 기숙사 보증금 1000위안(18만 원)

생활비 40만 원*5개월 합계: 약 480만 원 정도이다.

중국 주요 도시들 가운데서도 낮은 편이다.

흑룡강대의 장점으로 저렴한 학비와 기숙사 비용으로 좋은 커리큘럼은 물론 정확한 표준어 발음을 배울 수 있다. 정규 수업 외에도 방문, 참관, 문화 체육 활동 등이 있어 학생들의 만족도가 높다. 물가도 저렴하고 주위에 볼 곳도 많다. 어학연수생 숫자도 많지 않아 다들 얼굴은 알고 지낼 정도이고 외국인 학생도 적어 중국 학생들과도 쉽게 친해질 수 있고 특히 한국어 학과가 설치 되어있어 한국어로 먼저 말을 걸어오는 경우도 많아 현지 친구들과 교류하기 좋다. 학교 내에 다양한 생활 시설이 구비되어 있으며 기숙사가 많다. 단점으로 겨울에는 무척 춥지만 여름에는 비교적 선선한 편이다.

의지박약 탈출법
– 이렇게 해보자!

게으르기로 따진다면 사실 나도 어디 내놔도 지지 않는다고 생각한다. 책 한 권 쓰자고 마음먹은 지가 어언 3년 전이지만 늘 한 페이지를 못 넘겼고 큰맘 먹고 샀던 DSLR은 먼지만 뿌옇게 쌓여있고 스페인어 학원 2달 등록해놓고 2주 동안 안 갔더니 내가 학원을 등록했다는 사실 자체도 잊어버렸다(종강 즈음 알았다). 그리고 일본어는 중3 때부터 몇 번이나 도전하고 포기했다. 하지만 지금 생각해보면 그 많은 시행착오가 없었다면 그렇게 마음먹지도 않았을 것이다.

내가 성취해온 소소한 것들을 나열해보자면 한 가지 공통점이 있다.

바로 분명한 '기간'과 '목표' 그리고 '투자'가 있었다.

원하는 것을 얻기 위해서 스스로의 나태함을 없애야 한다.

1) 간절히 원하는 것을 잘 보이는 곳에
글과 기한을 적어 두면 반드시 이루어진다

고3 때 핸드폰 배경화면에 '경희대학교 합격'을 메인 화면에다 새겨 넣었었다. 그랬더니 꿈에서 내가 경희대 캠퍼스를 거닐고 있기에 '어랏? 진짜 합격했구나!'라며 좋아했던 기억이 난다. 꿈에서나마 내가 원하는 그 자리, 그 위치에 있는 모습이 너무나 달콤해서 꼭 입학하고 말리라는 각오를 새삼 다시 한 번 다질 수 있었다.

만약 원하는 자격증, 목표 하는 대학이 있다면 잘 보이는 곳에다 써두자. 자기도 모르게 온몸의 신경 세포들이 그 목표를 이루게 할 것이다.

나는 아직도 간절히 원하거나 미래에 되고 싶은 내 모습이 있으면 글로 남겨 잘 보이는 곳에 두라고 주위 사람들에게 이야기한다. 이제는 나를 소개하는 명함을 파서 꿈이라는 카테고리 안에 넣어버릴 정도이니 말이다.

나는 잘 잊어먹는다.

그래서 늘 시간이 날 때 마다 '지금 뭐하지? 뭐하면 좋지?' 말만 되풀이하다 결국 하는 것은 예능 프로그램을 다시 보거나 할 건 많은데 뭘 해야 할지 몰라서 우울해하다 잠이 든다.

이 모든 것이 다 지금 내 인생의 우선순위가 무엇인지 나를 잘 파악하지 못한 불상사라는 결론을 내렸고 그 후 잘 보이는 곳에다 목표를 새겨 늘 볼 수 있게 해 둔 것 덕분에 계획했던 많은 것들을 이룰 수 있었다. 앞으로 세운 계획도 다 이룰 수 있을 것이라 확신한다.

2) 자기 돈을 투자해야 한다

주위에서 자주 '안 보는 영어책 있으면…', '혹시 다 본 일본어 책 있으면…'으로 시작하는 사람들을 많이 봤다. 내 것을 다 퍼주다가 이제 내가 돈 내고 서점에서 사다줬지만 설령 내 돈 내고 산 책도 잘 보지 않는데 하물며 공짜로 받은 책이라면? 흥미로운 내용이 아닌 이상 책장 넘어가기 힘들 것이다. 자기 돈을 투자하자. 그래야 본전 생각에 한자라도 열심히 본다.

3) 하루 온종일 그 시험,
그 공부만 생각하자 모든 신경을 그곳에 집중하자

사람의 집중력이란 무섭다. 모든 신경이 한 곳에 집중되어 있으면 놀라운 성과를 달성할 수 있다.

4) 어디로 가고 있는지 내 방향과
그 것을 이뤄낸 후의 나의 모습을 끄적여 보자

중요한 것은 속도가 아니라 방향이다.

5) 남과 비교하지 말자

세상에는 나보다 낫고 나보다 못한 사람들이 있기 마련이다. 끊임없이 남과 비교를 하며 살아간다면 정작 내 안에 있는 보물에는 눈길도 주지 않고 내가 갖지 못한 남들의 것만 부러워하며 끊임없이 갈증을 느끼며 살아가기 마련이다. 너는 너고 나는 나다. 우리는 대체 언제부터 나를 타인과 비교하기 시작했을까? 지금 이 순간이 나에게 가장 소중한 시간인데 말이다.

'어느 자기개발서에서나 하는 말이네? 이제 책 덮어야지'라고 생각하는 사람이 있을 수 있다. 맞다. 분명 어디서 들어본 말일 테고 누구나 할 수 있는 말이다. 하지만 마지막 이것만큼은 다르다. 가장 중요한 가치, 타협이 불가능한 다짐, 내가 생각하는 진짜 대박은 달려가야 할 목표를 찾았으면 하는 것이다. 제발 이번만큼은,

'나만 생각하자'

우리는 일이 잘 안될 때 주위 상황을 탓한다. 그때 집안이 좀 여유가 있었더라면, 난 정말 하고 싶은 게 있었는데 주위 반대 때문에, 모든 삶의 중심을 가족에게만 맞춰버려 내 생활이 없어서 등등. 사실은 세상이 옳다고 말하는 것과, 어려서는 부모님과 선생님을 만족시켜주기 위해, 커서는 주위를 위해 내가 정말 하고 싶은 건 잠시 접어두고 살아왔고 그렇게 타협했을 뿐인데 가련한 주인공으로 스스로를 포장한다. 그리고 인생이 재미없다고 말한다. 그럼 대체 사는 건 뭘까?

고백

너에게만 고백하고 싶은 게 있어 조금 조심스러운데
너도 눈치 챘을 수도 있어 사실 내가 좀 말하는 게 애늙은이 같잖아
사실은 나 85살 먹은 할아버지였어

85번째 생일날, 지나온 인생을 돌이켜보니 한 번뿐인 생인데
내 삶, 그 안에 정작 내가 없었던 게 너무 원망스러웠어
그래서 신에게 간청했지 이 늙은이 다시 그때로 돌아가고 싶다고

신이 대답했지

'그때로 다시 돌아간들 인간은 결국 같은 선택만 반복할 뿐이라고'
그래서 난 신에게 맹세를 했어 절대 예전처럼 지루하게 살지 않겠다고

이번엔 다를 거라고
절대 피하지 않고 살아보겠다고 영혼을 걸고 담판을 지었지

그렇게 난 다시 어른아이로 돌아갔고 지금까지 살아오게 되었어

서른 살이 되어서야 내가 그렇게 열망해서 겨우겨우 얻은 두 번째 인
생을 살고 있다는 걸 알게 됐어

어떻게 알았냐고? 바로 신이 나를 위해 남겨둔 삶의 표식들 덕분이지
난 그걸 알아차렸어

사실 많은 사람들이 다시 인생을 살고 있지만
그 사실을 깨닫는 사람은 극히 드물지

그 이전의 인생에서 난 더 나은 삶을 위해 분별력 있게 열심히 살았어
하지만 이제는 막연한 상상의 고통에서 해방되어 내 안의
보물을 찾는 여정을 시작해 볼까해
그렇게 원해서 얻은 이 소중한 젊음으로
새로운 것에 도전하고 실패해보며 살아볼래

물론 실패를 한다면 고통스럽지.. 고통스럽지만 살다보니
삶에서의 가장 큰 고통은 아무 위험도 감수하지 않는 거에 있더라

아무 위험을 감수하지 않는 사람은 아무것도 하지 않는 사람이고
아무것도 갖지 않는 사람이고 아무것도 아니라고

그 사람은 비록 고통과 슬픔은 피할 수 있을지 모르겠지만
전혀 배울 수도 느낄 수도 바꿀 수도 성장할 수도
그리고 사랑하며 살 수도 없는 사람이라고
자넷이라는 시인이 일찍이 말했지

왜 그 이전의 생애에서도 딱 너 만할 때 이 시를 읽긴 읽었는데
눈으로만 쫓은 것 같아

마치 지금 이 순간에도 너희들이 삶의 의미가 담겨있는
이 글을 눈으로만 읽는 것처럼 말이지

다시 한 번 분명한 어조로 이야기하는데 네 인생 절대
몸만 사리다 끝내지마
그럼 85살 먹어서 그때의 나처럼 억울해질 거야

이게 인생인가? 하고

그건 자유가 아니야 조심성이라는 사슬에 묶여있는 노예야
대신 우리 부자가 되자
늙어서 추억할 일들이 많은 진짜 부자가 되자
언젠가 세상에 작별을 고할 때 돈은 들고 갈 수 없지만 아름다운 기억과
잔잔한 미소는 가져갈 수 있잖아

누가 그러는데 영혼은 죽기 직전에 추억하는 장소에 영원히 남는다고 해

그런 멋진 곳, 우리 죽기 전에 망설이지 말고 많이 가보자

(이 장면 어디서 본적이 있다고? 그건 네가 예전의 삶을 그대로 살고

있다는 경고야 이제 반복만하는 그 인생, 불 끄고 재울 시간이야)

감사의 말

출간을 망설일 때 수많은 고민과 걱정으로 잠 못 이룬 밤들이 많지만 이 분들이 있기에 첫 책이 무사히 나올 수 있었다. 도움을 주신 분들에게 감사 인사를 전하고 싶다.

먼저 세상에서 제일 사랑하는 우리 엄마 성낙명 여사님,
아직도 다 큰 아들 걱정을 하시는 아버지 전제호 사장님,
벌써 예쁜 딸의 아빠가 된 동생 용표,
내 베스트 프렌드, 이제 곧 의사가 될 한정희 군과
집에서 노는 박승민 군,
내 글의 첫 애독자 최원석 군,
중학교 1학년 때 진심을 다해 지도해 주셨던 과외 선생님,
은사하면 가장 먼저 떠오르는 정은주 선생님,
내 글쓰기 롤 모델 제페토 시인과 정여울 작가,
언제나 에너지 넘치는 비서퍼 김민기 형,
멋지게 편집해주신 김성령, 문해림 출판사 편집장님,
그리고 이제는 서로 다른 길을 걷고 있는 박지혜 씨

마지막으로 부족한 내 글을 읽어준 모든 분들에게 감사함을 전하며 삶의 방향이 되어준 좋아하는 노래 가사 소개를 끝으로 글을 마치고 싶다.

출발

-김동률-

아주 멀리까지 가 보고 싶어
그곳에선 누구를 만날 수가 있을지
아주 높이까지 오르고 싶어
얼마나 더 먼 곳을 바라볼 수 있을지

작은 물병 하나, 먼지 낀 카메라,
때 묻은 지도 가방 안에 넣고서

언덕을 넘어 숲길을 헤치고
가벼운 발걸음 닿는 대로
끝없이 이어진 길을 천천히 걸어가네

멍하니 앉아서 쉬기도 하고
가끔 길을 잃어도 서두르지 않는 법
언젠가는 나도 알게 되겠지
이 길이 곧 나에게 가르쳐 줄 테니까

촉촉한 땅바닥, 앞서 간 발자국,
처음 보는 하늘, 그래도 낯익은 길

언덕을 넘어 숲길을 헤치고
가벼운 발걸음 닿는 대로
끝없이 이어진 길을 천천히 걸어가네

새로운 풍경에 가슴이 뛰고
별것 아닌 일에도 호들갑을 떨면서
나는 걸어가네 휘파람 불며
때로는 넘어져도 내 길을 걸어가네

작은 물병 하나, 먼지 낀 카메라,
때 묻은 지도 가방 안에 넣고서

언덕을 넘어 숲길을 헤치고
가벼운 발걸음 닿는 대로
끝없이 이어진 길을 천천히 걸어가네

내가 자라고 정든 이 거리를
난 가끔 그리워하겠지만
이렇게 나는 떠나네, 더 넓은 세상으로